Málaga
Spain

City Map

Málaga, Spain — City Map
By Jason Patrick Bates

Edited and published by Glob:us Editions.

First Edition: October 2017

Scale / 1:4000

| 50m

| 500ft

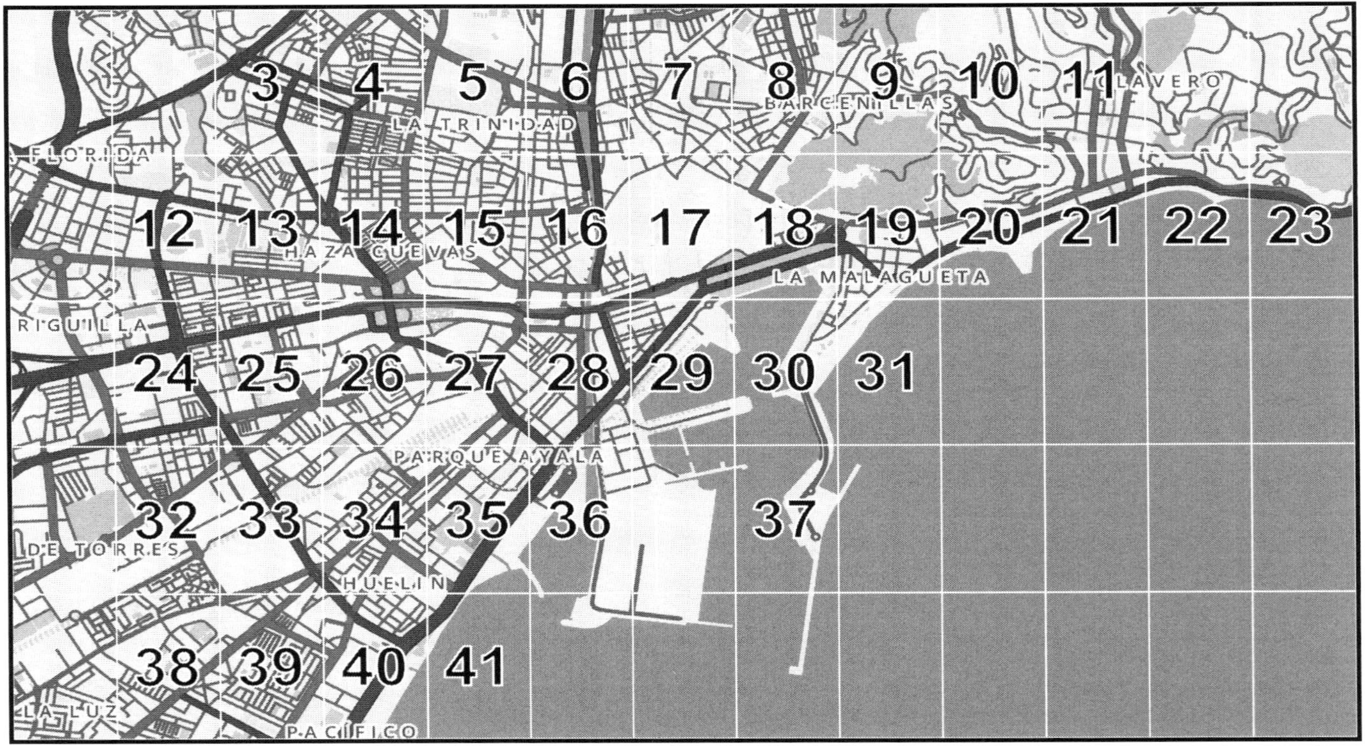

Map Overview

Map Symbols

Symbol	Meaning	Symbol	Meaning
	Highway		Map continuation page
	Street		Path
	Archaeological site		Kiosk
	Artwork		Level crossing
	Atm		Library
	Bar		Lighthouse
	Bicycle rental		Memorial
	Biergarten		Memorial plaque
	Buddhist temple		Monument
	Bus station		Museum
	Bus stop		Muslim mosque
	Cafe		Neighbourhood
	Camping site		Nightclub
	Car rental	P	Parking
	Cave entrance		Peak
	Chalet		Pharmacy
	Charging station		Picnic site
	Church / Monastery		Playground
	Cinema		Police
	Courthouse		Post office
	Department store		Prison
	Dog park		Pub
	Drinking water		Railway
	Dry cleaning		Restaurant
	Elevator		Shinto temple
	Embassy		Sikh temple
	Fast food		Sports centre
	Ferry terminal		Supermarket
	Fire station		Taoist temple
	Fountain		Taxi
	Fuel		Telephone
	Golf course		Theatre
	Guest house		Toilets
	Hindu temple		Townhall
	Hospital		Traffic signals
	Hostel		Viewpoint
	Hotel		Water park
i	Information		Wilderness hut
	Jewish synagogue		Windmill

3
Centro Provincial de Drogodependencias
Calle Ana Solo de Zaldívar
Avenida de Valle Inclán
Calle Mero
Plaza de Miraflores
Avenida de Miraflores
Calle Galeno
Calle Tajuña
Calle Ibrahín
Calle Juan Antonio Tercero
Centro de Salud Miraflores de los Ángeles
Camino Suárez
Calle Albacete
Calle Cesar Arbasia
Calle Martínez de la Rosa
Calle Lorenzo Silva
Calle Vandelvira
Calle Baron de Les
Calle Enrique de Egas
Calle Brújula
Calle Torelli
Calle Zujar
Calle Yeguas
Calle Sondalezas
Calle Jose Iturbi
Calle Magistrado Salvador Barberá
Calle Maestro Pablo Luna
13

4
Calle Mira Azucenas
Avenida Nuestra Señora de los Clarines
Calle Barca
Calle Carraca
Calle Galera
Calle Galeón
Avenida del Arroyo de los Á
Morillas
Calle Cristino Martos
Calle Pacheco
Calle Moreno Nieto
Calle Tomás de Burg
Plaza Monseñor Bocanegra
Calle Najerilla
Calle Arturo Reyes
Calle Matachel
Calle Manuel Ruiz Zorril
Calle Julián Argos
Calle José Canalejas
Calle Nicolás Salmerón
Calle Segismundo Moret
Calle Segismundo Moret
Calle Marqués de Ovieco
Calle Orfebre
Calle Venegas
Calle Gazules
Calle Alonso Hernandez
Calle Tejares
Pasaje Venegas
Calle Sebastián de Eslava
Camino Suárez
Calle Bresca
Calle Lucios
Calle Jamaica
Camino Suárez
Calle Moraima
Calle López Blanco
Calle Jazmines
Calle Berrocal
Calle Nicaragua
Calle Filipinas
tínez de la Rosa
Calle Martínez de la Rosa
Calle Josefa Rios
Calle Domingo Lozano
Calle Félix Corrales
Calle Francisco Martos
Calle Morales Villarrubia
Calle Felix Assiego
Calle Juan Sánchez
Calle Leopoldo Morante
Calle Rivas Fernández
Calle Diaz Molina
Calle Eduardo Bayo
Calle Jose Maria Coopello
14

5
Huerta La Salvia
Urgencias materno
Hospital Materno Infantil
Urgencias Infantil
Avenida del Arroyo de los Ángeles
Guardia Civil
Hospital Civil
Hospital Civil
Calle Doctor Fleming
Calle Velarde
Calle Séneca
Calle de la Regente
Calle Cesareo Martínez
Calle Martínez de la Rosa
Avenida de Barcelona
Calle Sevilla
15

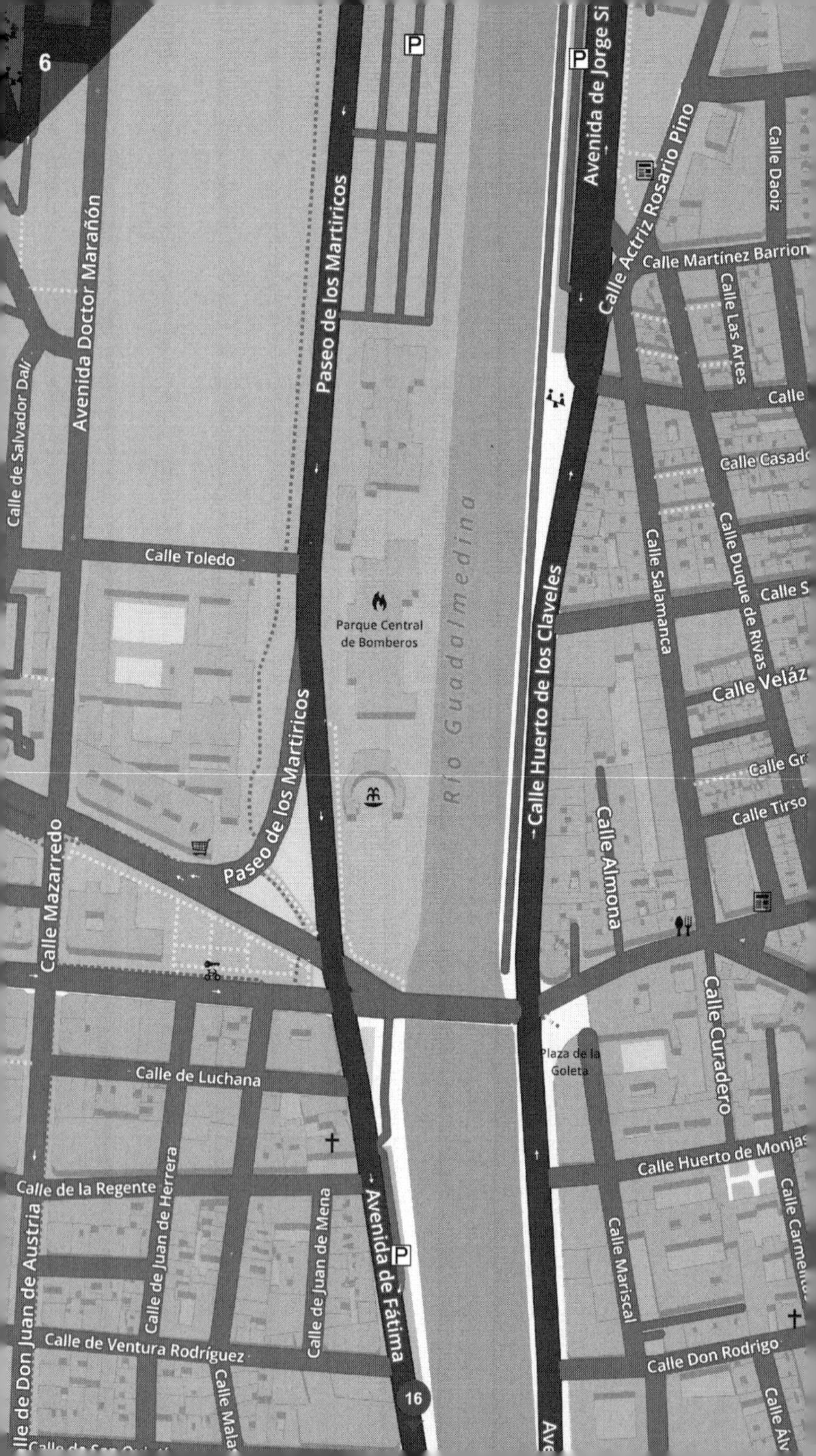

6
Avenida de Jorge Si
Calle Actriz Rosario Pino
Calle Daoiz
Calle Martínez Barrion
Calle Las Artes
Calle
Avenida Doctor Marañón
Paseo de los Martiricos
Calle de Salvador Dalí
Calle Casado
Calle Toledo
Parque Central de Bomberos
Río Guadalmedina
Calle Huerto de los Claveles
Calle Salamanca
Calle Duque de Rivas
Calle S
Calle Veláz
Calle Gr
Calle Tirso
Paseo de los Martiricos
Calle Almona
Calle Mazarredo
Calle Curadero
Plaza de la Goleta
Calle de Luchana
Calle Huerto de Monjas
Calle de la Regente
Calle de Juan de Herrera
Calle de Juan de Mena
Avenida de Fátima
Calle Mariscal
Calle Carmelita
Calle de Don Juan de Austria
Calle de Ventura Rodríguez
Calle Don Rodrigo
Calle Mala
16
Calle Ál

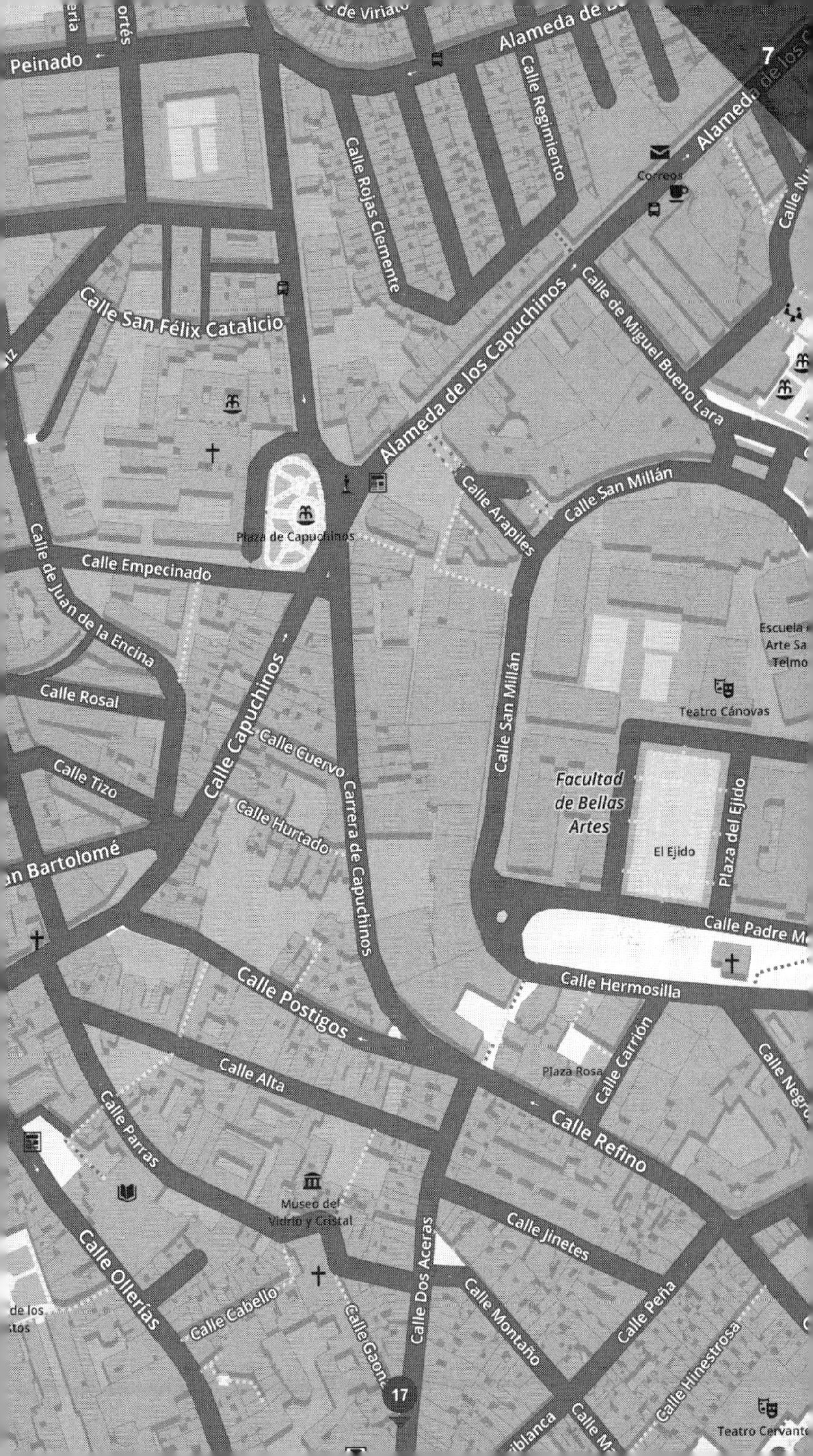

7
Peinado
Alameda de los Capuchinos
Calle Regimiento
Calle Rojas Clemente
Correos
Calle San Félix Catalicio
Calle de Miguel Bueno Lara
Calle San Millán
Calle Arapiles
Plaza de Capuchinos
Calle Empecinado
Calle de Juan de la Encina
Calle Rosal
Calle Tizo
Calle Capuchinos
Calle Cuervo
Calle Hurtado
Carrera de Capuchinos
Escuela Arte San Telmo
Teatro Cánovas
Facultad de Bellas Artes
El Ejido
Plaza del Ejido
Calle Hermosilla
Calle Postigos
Calle Alta
Plaza Rosa
Calle Carrión
Calle Refino
Calle Parras
Museo del Vidrio y Cristal
Calle Jinetes
Calle Ollerías
Calle Cabello
Calle Dos Aceras
Calle Montaño
Calle Peña
Calle Hinestrosa
17
Teatro Cervantes

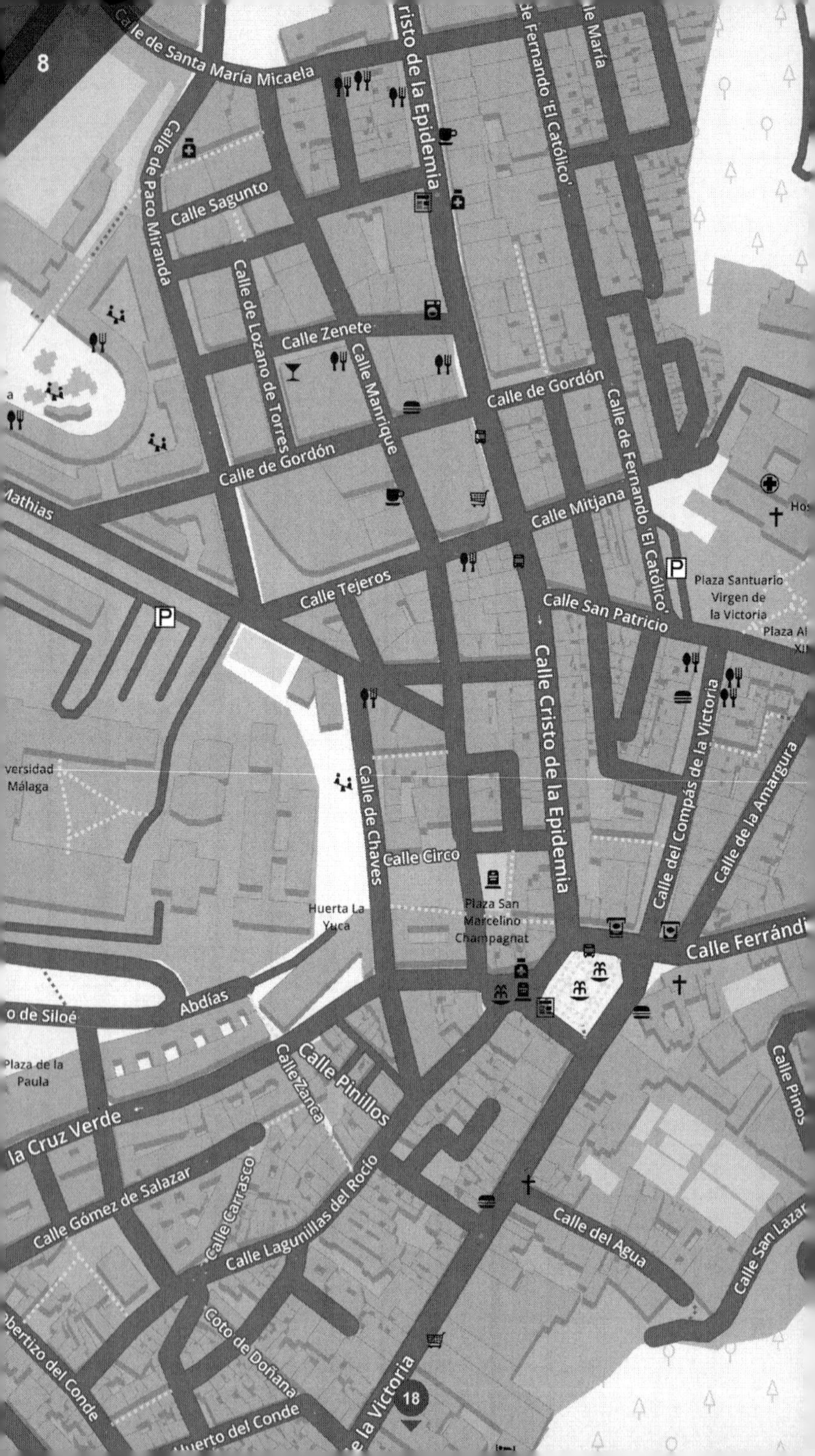

Calle de Santa María Micaela
Cristo de la Epidemia
de Fernando 'El Católico'
le María
Calle de Paco Miranda
Calle Sagunto
Calle de Lozano de Torres
Calle Zenete
Calle Manrique
Calle de Gordón
Calle de Gordón
Calle de Fernando 'El Católico'
Calle Mitjana
Mathias
Calle Tejeros
Calle San Patricio
Plaza Santuario Virgen de la Victoria
Plaza Al XII
Hos
Calle Cristo de la Epidemia
Calle del Compás de la Victoria
Calle de la Amargura
versidad Málaga
Calle de Chaves
Calle Circo
Huerta La Yuca
Plaza San Marcelino Champagnat
Calle Ferrándi
Abdías
o de Siloé
Plaza de la Paula
Calle Zanca
Calle Pinillos
la Cruz Verde
Calle Pinos
Calle Gómez de Salazar
Calle Carrasco
Calle Lagunillas del Rocío
Calle del Agua
Calle San Lazar
Coto de Doñana
bertizo del Conde
Huerto del Conde
la Victoria
18

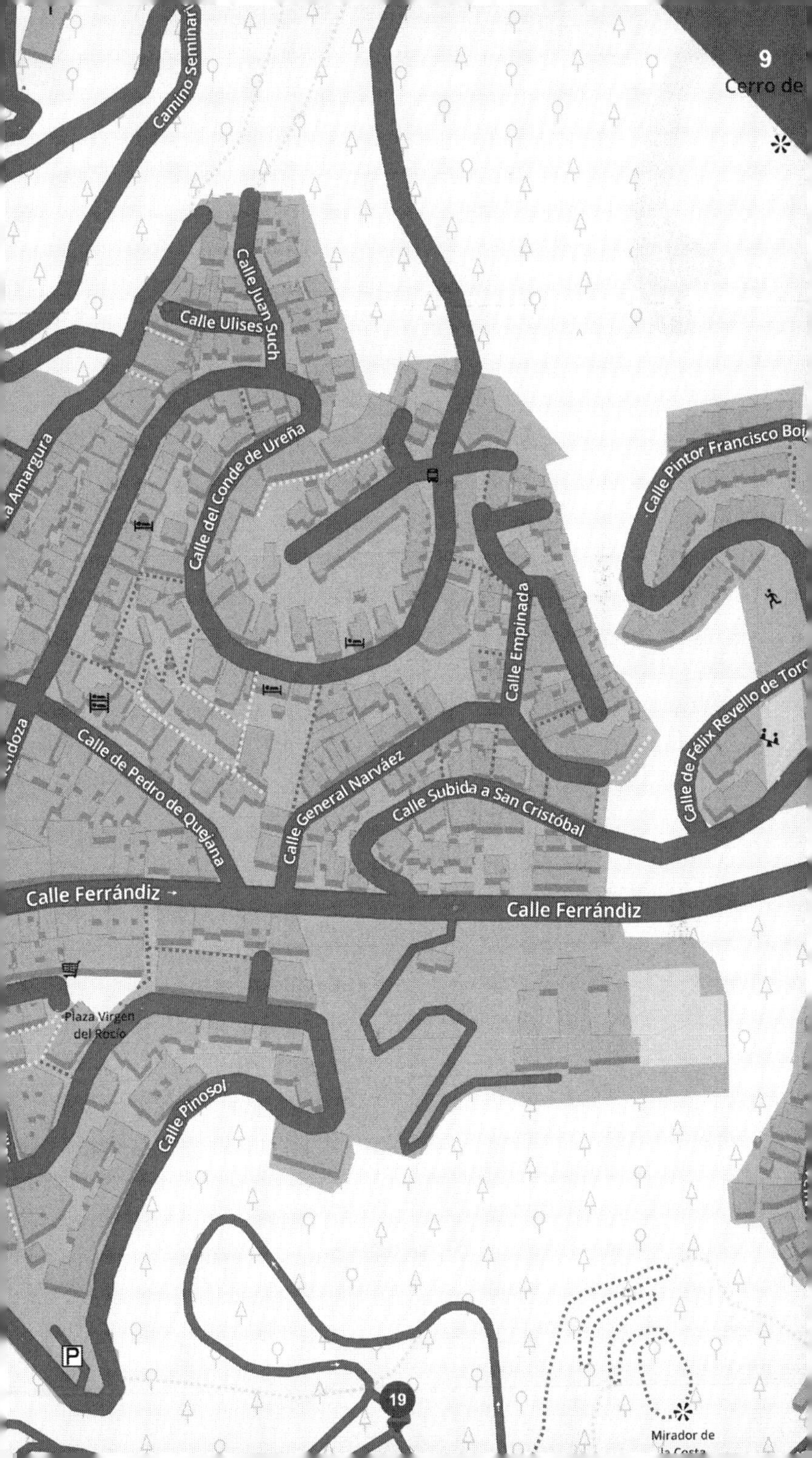

9
Cerro de
Camino Seminario
Calle Juan Such
Calle Ulises
Calle del Conde de Ureña
Amargura
Calle Pintor Francisco Boj
Calle Empinada
Calle de Félix Revello de Toro
Calle de Pedro de Quejana
Calle General Narváez
Calle Subida a San Cristóbal
Calle Ferrándiz →
Calle Ferrándiz
Plaza Virgen
del Rocío
Calle Pinosol
P
19
Mirador de
la Costa

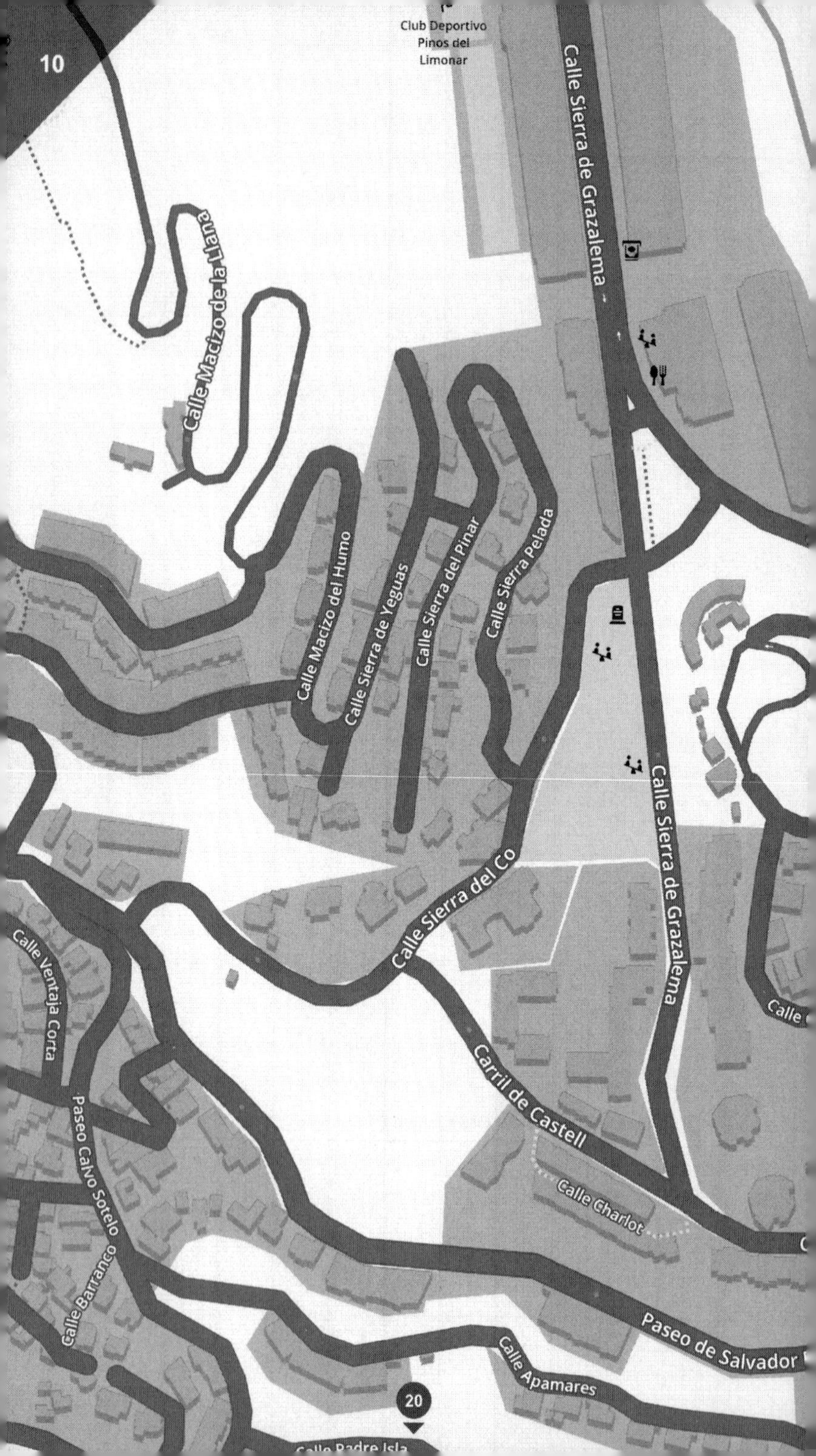

10
Club Deportivo
Pinos del
Limonar
Calle Sierra de Grazalema
Calle Macizo de la Llana
Calle Macizo del Humo
Calle Sierra de Yeguas
Calle Sierra del Pinar
Calle Sierra Pelada
Calle Sierra del Co
Calle Sierra de Grazalema
Calle Ventaja Corta
Carril de Castell
Calle Charlot
Paseo Calvo Sotelo
Calle Barranco
Paseo de Salvador
Calle Apamares
20

Calle de las Espuelas
de los Potrillos
Avenida de las Caballerizas
Arroyo Toquero
Avenida del Mayorazgo
Calle de las Espuelas
Calle Goethe
Calle de la República Argentina
Calle Sierra de los Castillejos
de los Castillejos
Calle Sierra de Libar
Calle de Fernán Caballero
Paseo del Limonar
Paseo de Miramar
del Limonar
Centro Cultural José María Gutiérrez Moreno
Calle de Ramos de Carrión
Carril de los Niños
Calle San Vicente de Paul
21

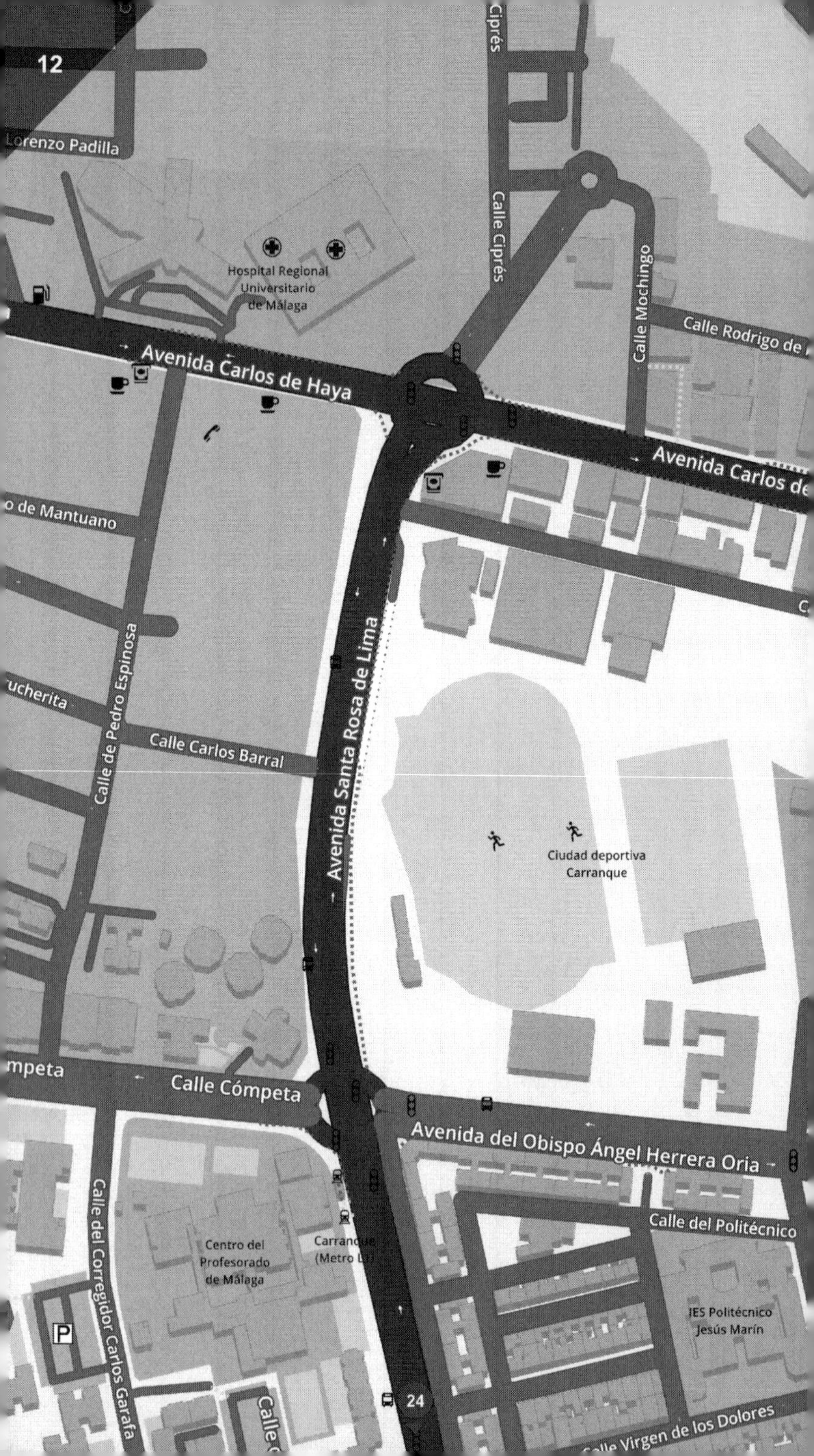

12
Lorenzo Padilla
Ciprés
Calle Ciprés
Hospital Regional Universitario de Málaga
Calle Mochingo
Avenida Carlos de Haya
Avenida Carlos de
Calle de Pedro Espinosa
Calle Carlos Barral
Avenida Santa Rosa de Lima
Ciudad deportiva Carranque
Calle Cómpeta
Avenida del Obispo Ángel Herrera Oria
Calle del Politécnico
Centro del Profesorado de Málaga
Carranque (Metro L1)
IES Politécnico Jesús Marín
Calle del Corregidor Carlos Garafa
P
24

3
Calle Blas de Otero
Calle Magistrado Salvador Barberá
Calle Rosalía
Calle Rosa María
Calle Rosa
Calle Sondalezas
Calle Palo Mayor
Calle Juanita Reina
Calle Carril de Gamarra
Calle Doctor Ruiz Jimenez
Pasaje Sondalezas
Paseo Salud
Calle Haití
Avenida Carlos de Haya
Calle Conde de Cheste
Pasaje Pezuela
Calle Francisco de Paula Pareja
Calle Virgen de las Flores
Campo de
Fútbol Malaka
Calle Pedro Luis Gálvez
Calle Virgen de la Paz
Calle Pedro Luis Gálvez
Calle Virgen de la Paz
Calle Virgen de la Bien Aparecida
Obispo Ángel Herrera Oria
Calle Virgen del Rosario
Calle Virgen de la Paloma
Calle Virgen de la Soledad
Calle Virgen del Rocío
n de los Dolores
Virgen de la Paloma
25

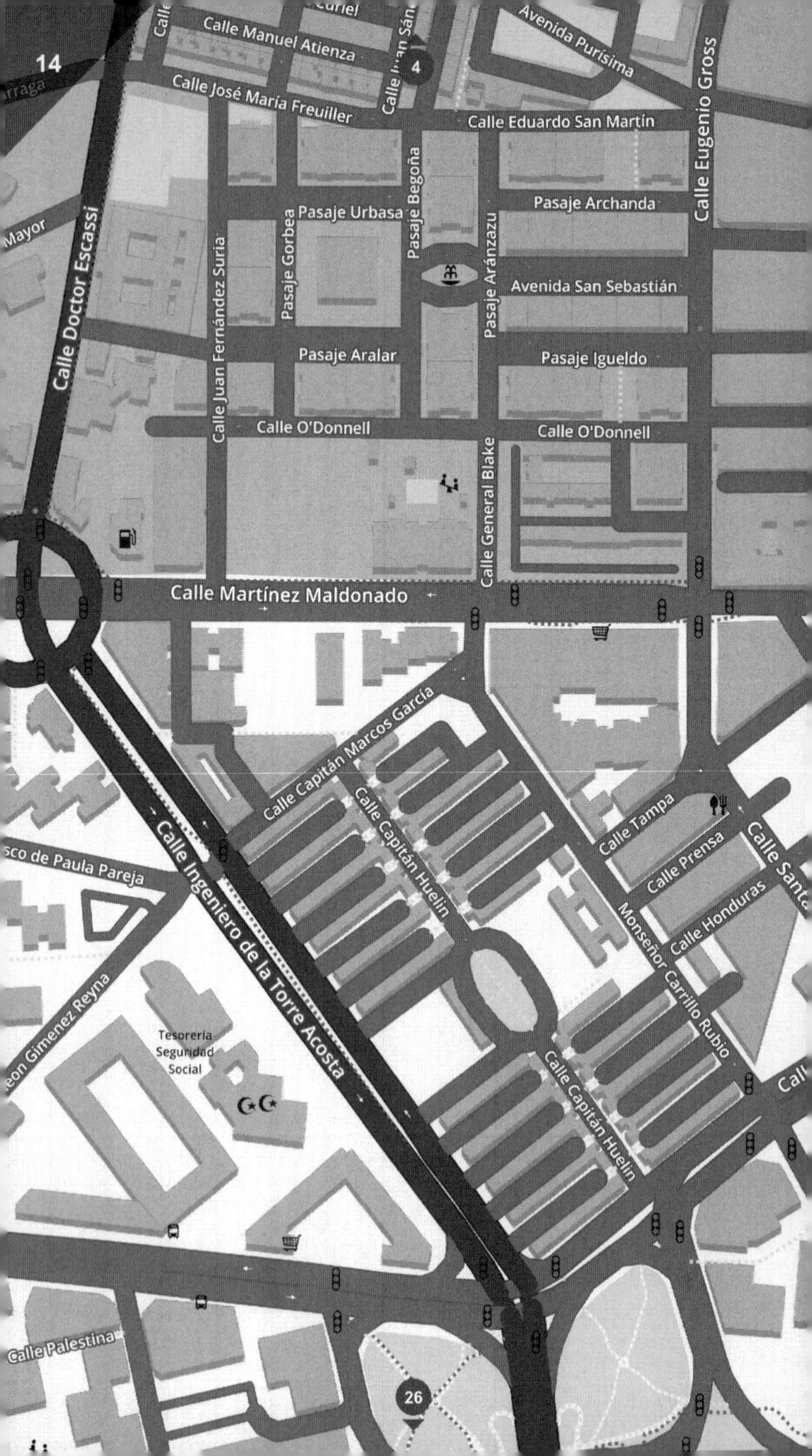
Calle Manuel Atienza
Calle José María Freuiller
Avenida Purísima
Calle Eduardo San Martín
Calle Eugenio Gross
Pasaje Urbasa
Pasaje Begoña
Pasaje Archanda
Mayor
Calle Doctor Escassi
Calle Juan Fernández Suria
Pasaje Gorbea
Pasaje Aránzazu
Avenida San Sebastián
Pasaje Aralar
Pasaje Igueldo
Calle O'Donnell
Calle O'Donnell
Calle General Blake
Calle Martínez Maldonado
Calle Capitán Marcos García
Calle Capitán Huelin
Calle Tampa
Calle Prensa
Calle Honduras
Monseñor Carrillo Rubio
Calle Ingeniero de la Torre Acosta
sco de Paula Pareja
eon Gimenez Reyna
Tesorería
Seguridad
Social
Calle Capitán Huelin
Calle Palestina
4
26

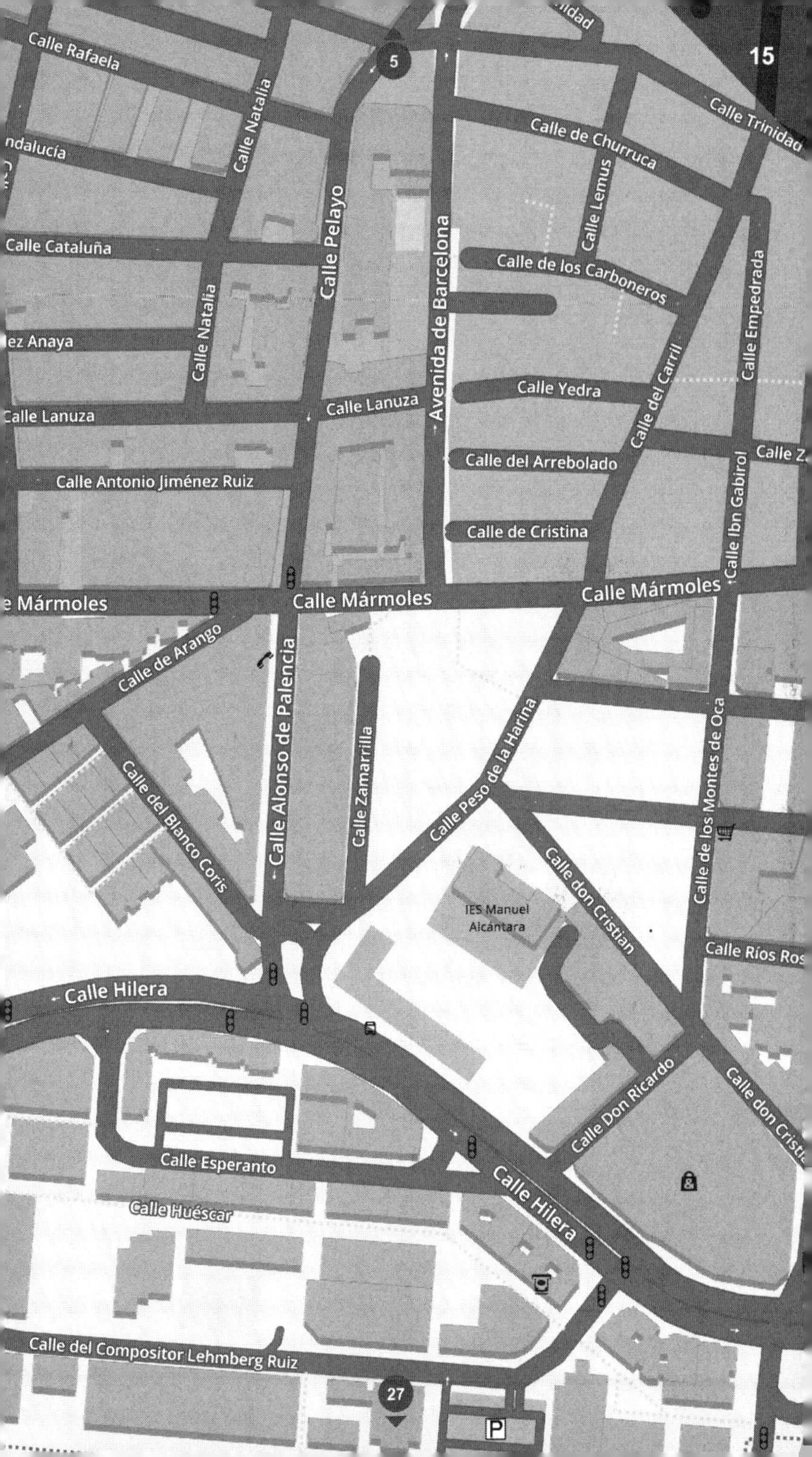
Calle Rafaela
Calle Natalia
Calle de Churruca
Calle Trinidad
Calle Lemus
Calle Pelayo
Calle Cataluña
Avenida de Barcelona
Calle de los Carboneros
Calle Natalia
Calle Empedrada
Calle del Carril
Calle Yedra
Calle Lanuza
Calle Lanuza
Calle del Arrebolado
Calle Antonio Jiménez Ruiz
Calle de Cristina
Calle Ibn Gabirol
Calle Mármoles
Calle Mármoles
Calle Mármoles
Calle de Arango
Calle Alonso de Palencia
Calle Zamarrilla
Calle Peso de la Harina
Calle del Blanco Coris
Calle de los Montes de Oca
Calle don Cristian
IES Manuel Alcántara
Calle Hilera
Calle Don Ricardo
Calle Esperanto
Calle Huéscar
Calle Hilera
Calle del Compositor Lehmberg Ruiz
5
27

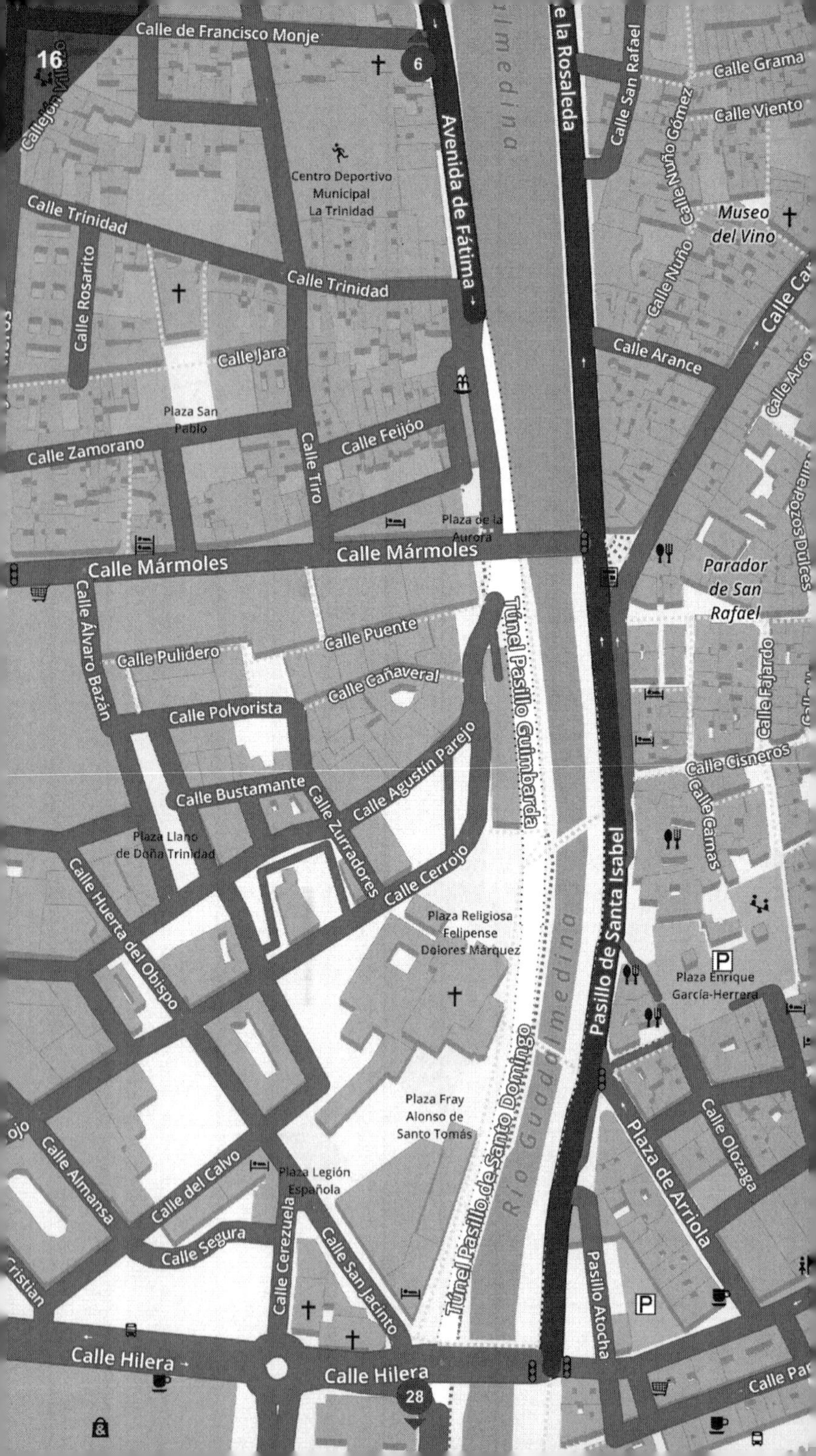

16
Calle de Francisco Monje
Callejón Villa
Avenida de Fátima
Centro Deportivo
Municipal
La Trinidad
Calle Trinidad
Calle Trinidad
Calle Rosarito
Calle Jara
Plaza San
Pablo
Calle Zamorano
Calle Tiro
Calle Feijóo
Plaza de la
Aurora
Calle Mármoles
Calle Mármoles
Calle Álvaro Bazán
Calle Pulidero
Calle Puente
Calle Cañaveral
Calle Polvorista
Calle Bustamante
Calle Agustín Parejo
Calle Zurradores
Calle Cerrojo
Plaza Llano
de Doña Trinidad
Calle Huerta del Obispo
Túnel Pasillo Guimbarda
Plaza Religiosa
Felipense
Dolores Márquez
Plaza Fray
Alonso de
Santo Tomás
Túnel Pasillo de Santo Domingo
Río Guadalmedina
Calle Almansa
Calle del Calvo
Plaza Legión
Española
Calle Segura
Calle Cerezuela
Calle San Jacinto
Cristian
Calle Hilera
Calle Hilera
28
la Rosaleda
Calle San Rafael
Calle Grama
Calle Viento
Calle Nuño Gómez
Museo
del Vino
Calle Nuño
Calle Arance
Calle Arco
Calle Pozos Dulces
Parador
de San
Rafael
Calle Fajardo
Calle Cisneros
Calle Camas
Pasillo de Santa Isabel
P
Plaza Enrique
García-Herrera
Calle Olozaga
Plaza de Arriola
Pasillo Atocha
P
Calle Par
6

17
7
Calle Muro de San Julián
Plaza del Teatro
Calle de Cárcer
Calle Álamos
Calle Canasteros
Plaza de las Cofradías
Calle Nosquera
Calle Comedias
Calle de Juan de Padilla
Calle Méndez Núñez
Calle Granados
Calle de las Beatas
Calle Tomás
Calle Lazcano
Plaza del Marqués de Vado del Maestre
Calle Mártires
Calle de Santa Lucía
Calle de San Telmo
Calle Granada
Plaza del Carbón
Plaza del Siglo
Calle Echegaray
Calle San Agustín
Museo Picasso Málaga
Calle Grana
Compañía
Calle Santa María
Plaza de la Constitución
Calle Especería
Santa María
Cañón
Calle de
Calle Fresca
Calle Salinas
Calle Molina Lario
Plaza de Las Flores
Plaza del Obispo
Museo Revello de Toro
Calle Marqués de Larios
Calle Nueva
Calle de Liborio García
Calle Strachan
Calle de Postigo de los Abades
Cañón
Heliogramas
Calle de la Bolsa
Calle de Marín García
Calle Esparteros
Calle de Alarcón Luján
Plaza de Félix Saenz
Calle de Sancha de Lara
Calle Martínez
Plaza de la Marina
29
Plaza de la Marina

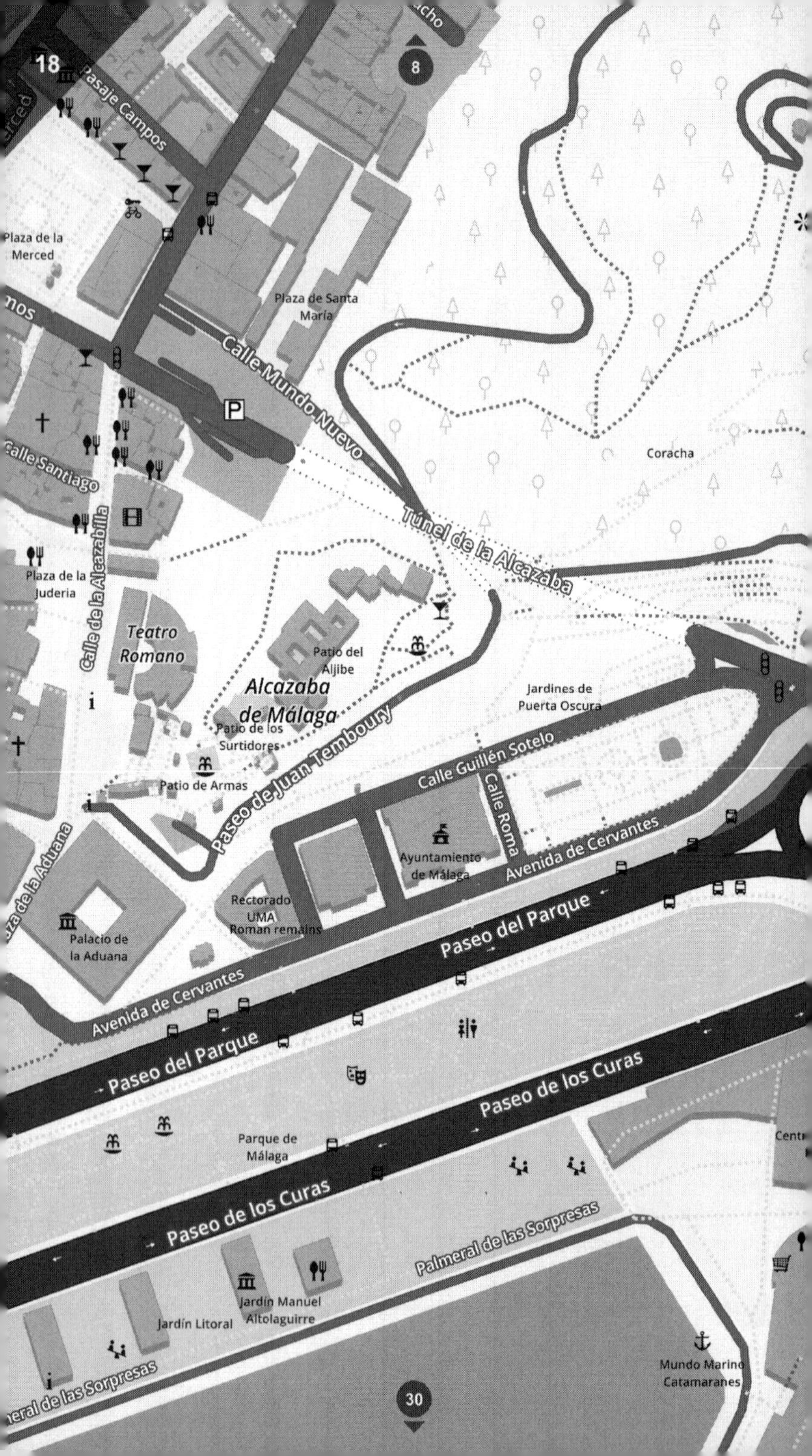

8
Pasaje Campos
Plaza de la Merced
Plaza de Santa María
Calle Mundo Nuevo
Calle Santiago
Calle de la Alcazabilla
Plaza de la Juderia
Túnel de la Alcazaba
Coracha
Teatro Romano
Patio del Aljibe
Alcazaba de Málaga
Patio de los Surtidores
Patio de Armas
Paseo de Juan Temboury
Jardines de Puerta Oscura
Calle Guillén Sotelo
Calle Roma
Ayuntamiento de Málaga
Avenida de Cervantes
Calle de la Aduana
Palacio de la Aduana
Rectorado UMA Roman remains
Paseo del Parque
Paseo de los Curas
Parque de Málaga
Palmeral de las Sorpresas
Jardín Manuel Altolaguirre
Jardín Litoral
Mundo Marino Catamaranes
30

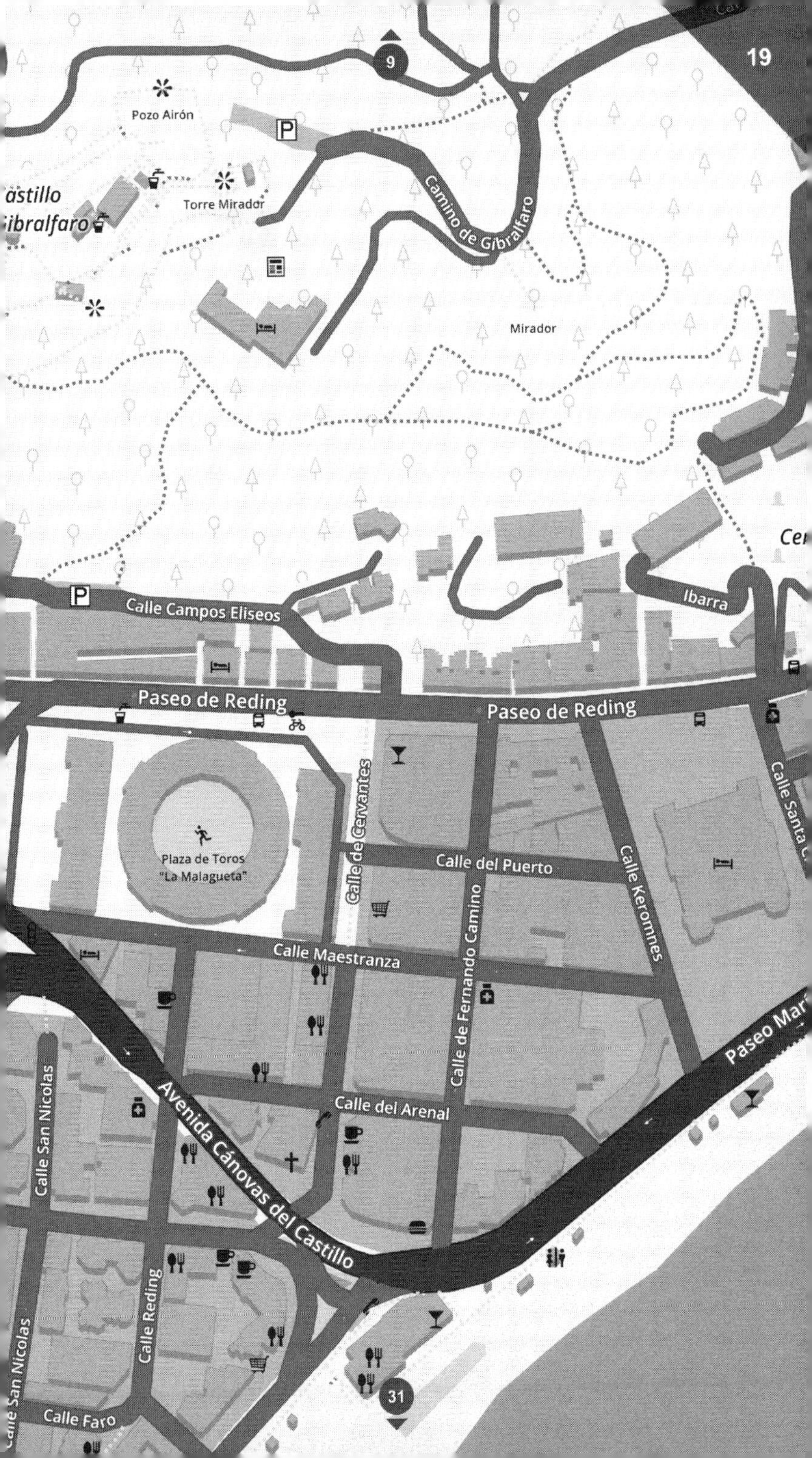
19
9
Pozo Airón
Castillo
Gibralfaro
Torre Mirador
Camino de Gibralfaro
Mirador
Calle Campos Eliseos
Ibarra
Paseo de Reding
Paseo de Reding
Calle de Cervantes
Plaza de Toros
"La Malagueta"
Calle del Puerto
Calle Keromnes
Calle Santa
Calle de Fernando Camino
Calle Maestranza
Calle del Arenal
Avenida Cánovas del Castillo
Paseo Mar
Calle San Nicolas
Calle Reding
Calle San Nicolas
Calle Faro
31

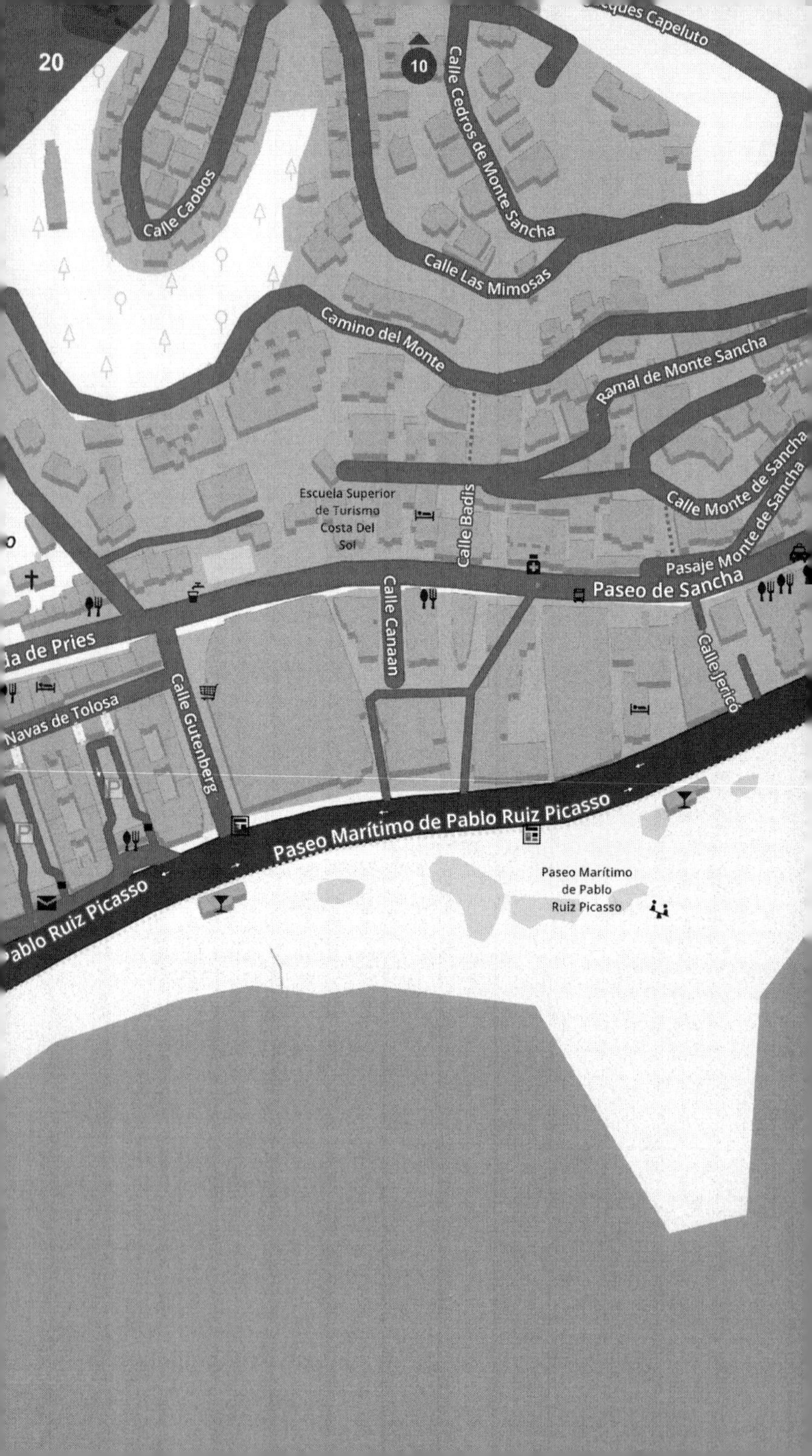

Jacques Capeluto
10
Calle Cedros de Monte Sancha
Calle Caobos
Calle Las Mimosas
Camino del Monte
Ramal de Monte Sancha
Escuela Superior de Turismo Costa Del Sol
Calle Badis
Calle Monte de Sancha
Calle Monte de Sancha
Pasaje Monte de Sancha
Paseo de Sancha
da de Pries
Calle Canaan
Calle Jericó
Navas de Tolosa
Calle Gutenberg
Paseo Marítimo de Pablo Ruiz Picasso
Paseo Marítimo de Pablo Ruiz Picasso
Pablo Ruiz Picasso

Monte de Sancha
eo del Limonar
11
de Miramar
Calle Idris
Hospital Parque
San Antonio
le Monte de Sancha
ítimo de Pablo Ruiz Picasso
Paseo Marítimo
de Pablo
Ruiz Picasso
Paseo Marítimo
de Pablo
Ruiz Picasso
Playa de
La Caleta

de Obregón
Calle de la Torrecilla
nida del Pintor Joaquín Sorolla
Marítimo de Pablo Ruiz Picasso
Paseo Marítimo de Pablo Ruiz Picasso
Avenida

Paseo Marítimo
de Pablo
Ruiz Picasso

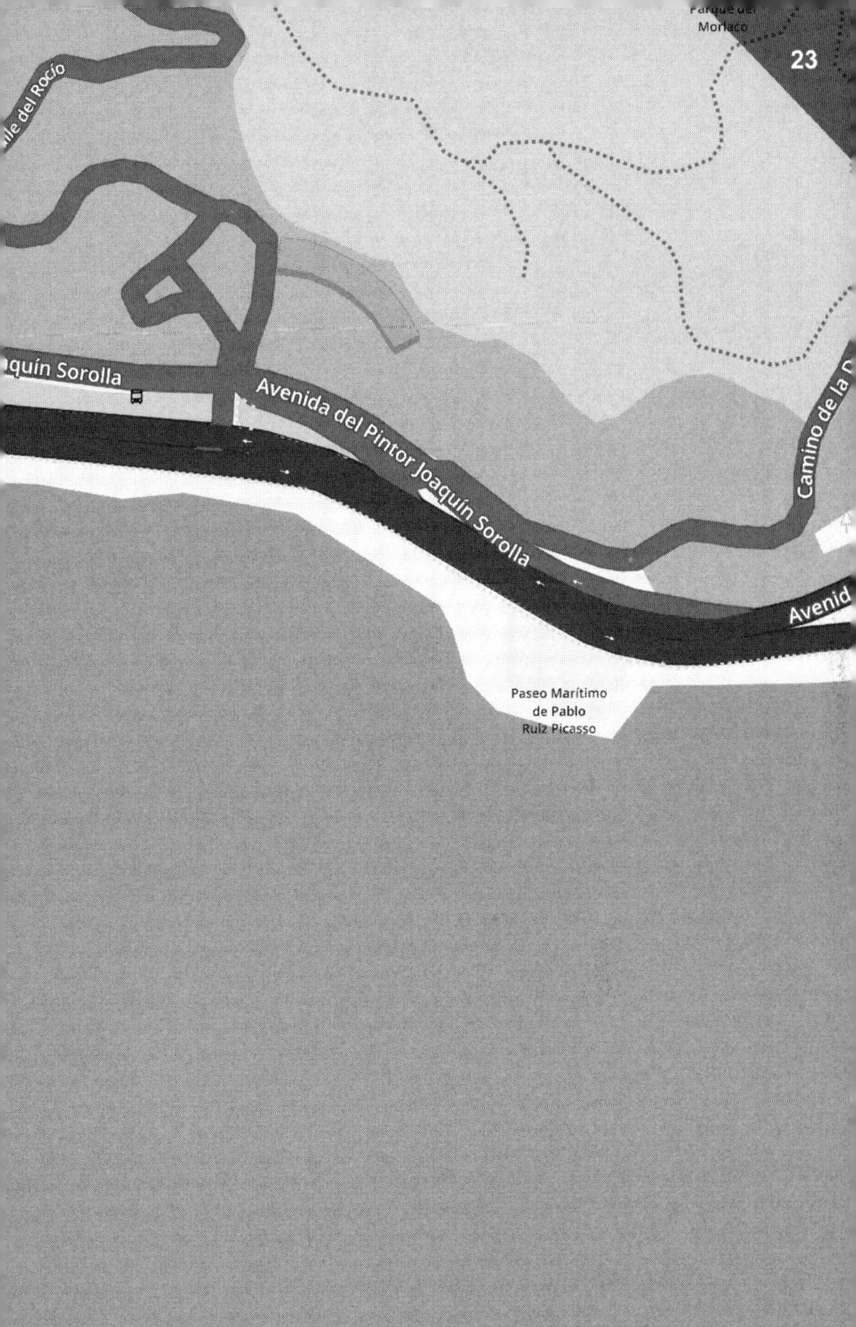
Morlaco
23
lle del Rocío
quín Sorolla
Avenida del Pintor Joaquín Sorolla
Camino de la
Avenid
Paseo Marítimo
de Pablo
Ruiz Picasso

Calle del Corregidor José Viciana
12
Calle del Politécnico
Mercado de Carran
Calle de la Virgen de la Cabeza
Calle Virgen del Rocío
Calle Virgen del Gran Poder
Calle de Luis Francisco Pallardo Peinado
Oficina de Extranjería
Avenida de Andal
Calle de Don Quijote
Avenida de Blas Infante
Calle Virgen del Perpetu
Blas Infante
Calle Conan Doyle
Comisaría Provincial de Málaga
Calle Virgen de
Calle del Corregidor Francisco de Molina
Avenida de Juan XXIII
dor Francisco de Molina
Avenida de Ju
Calle del Corregidor Ruiz de Pereda
Calle Río Boeza
Calle Río Mao
Mirra
Calle Río Cabrera
Avenida de José Ortega y G
Calle Río Arnoya
Calle Río Tamoga
Calle Mijas
Calle Río Guareñ
Avenida de José Ortega y Gasset
Calle Valle
Periana
32

Calle Virgen del Rocío
13
Virgen de la Caridad
Centro de Salud de Carranque
Avenida de Andalucía
Calle Virgen de la Servita
Avenida de Andalucía
de Andalucía
Calle Virgen de la Esperanza
Avenida de la Aurora
Plaza de la Biznaga
Calle Zancara
Calle Albahaca
Calle Fernández Fermina
Calle Conde de Guadalhorce
P
P
P
Calle Valderaduey
Calle Virgen del Pilar
Prisión Provincial
Avenida de José Ortega y Gasset
Calle Leandro Martínez Marín
Plaza Miguel Serrano de las Heras
Calle Liviana
Calle Debla
Calle Alegrías
Calle Adaja
Calle Antonio Martelo
Calle Alagon
Calle Alfambra
Calle Cañas
Calle Polo
Calle Doctor Mañas Bernabéu
33
Calle

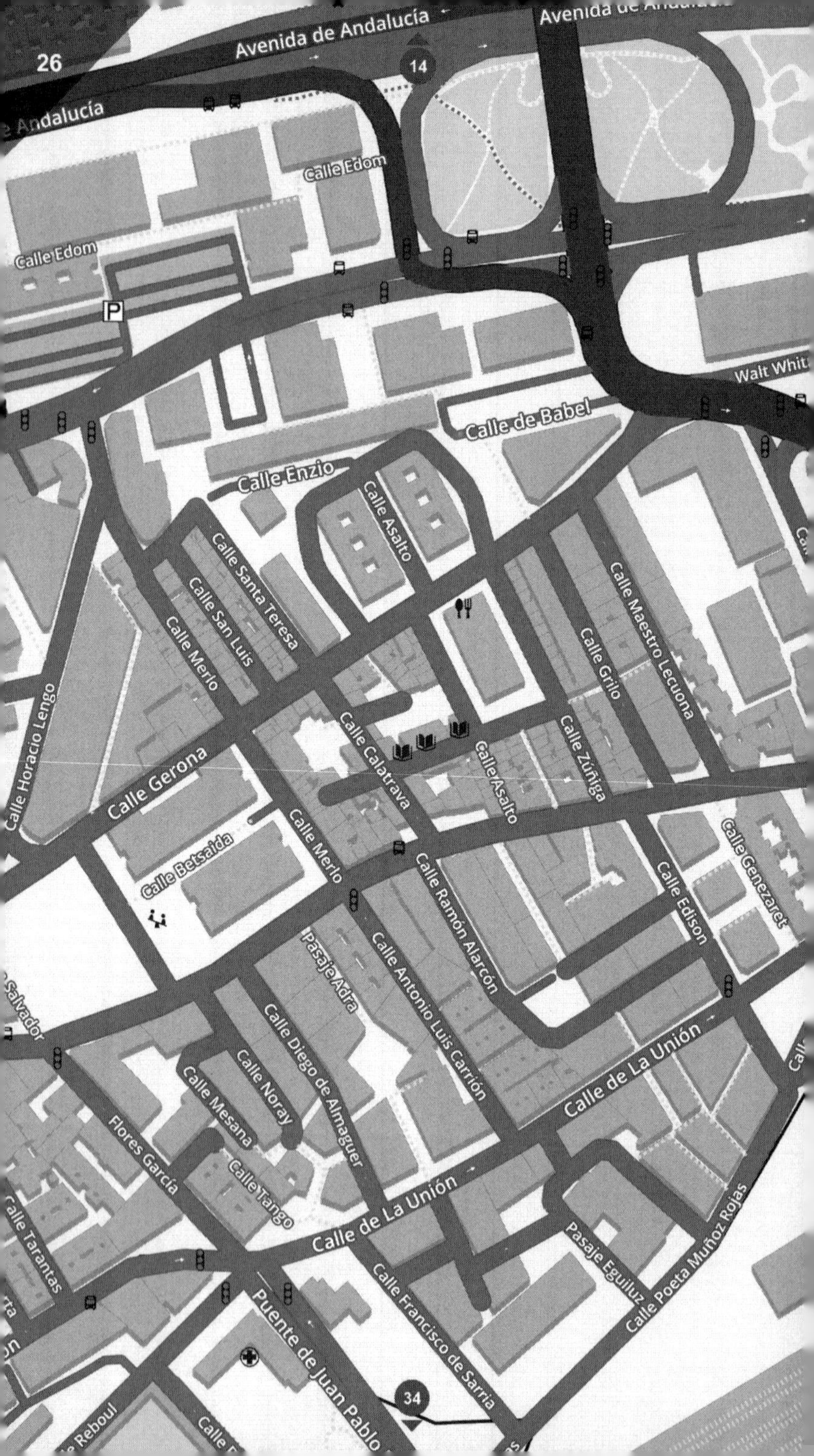

26
Avenida de Andalucía
Avenida de Andalucía
14
Calle Edom
Calle Edom
P
Walt Whit
Calle de Babel
Calle Enzio
Calle Asalto
Calle Santa Teresa
Calle San Luis
Calle Merlo
Calle Maestro Lecuona
Calle Grilo
Calle Horacio Lengo
Calle Calatrava
Calle Asalto
Calle Zúñiga
Calle Gerona
Calle Betsaida
Calle Merlo
Calle Ramón Alarcón
Calle Edison
Calle Genezaret
Pasaje Adra
Calle Antonio Luis Carrión
Salvador
Calle Diego de Almaguer
Calle Noray
Calle Mesana
Calle de La Unión
Flores García
Calle Tango
Calle de La Unión
Calle Tarantas
Pasaje Eguiluz
Calle Poeta Muñoz Rojas
Puente de Juan Pablo
Calle Francisco de Sarriá
34
Reboul

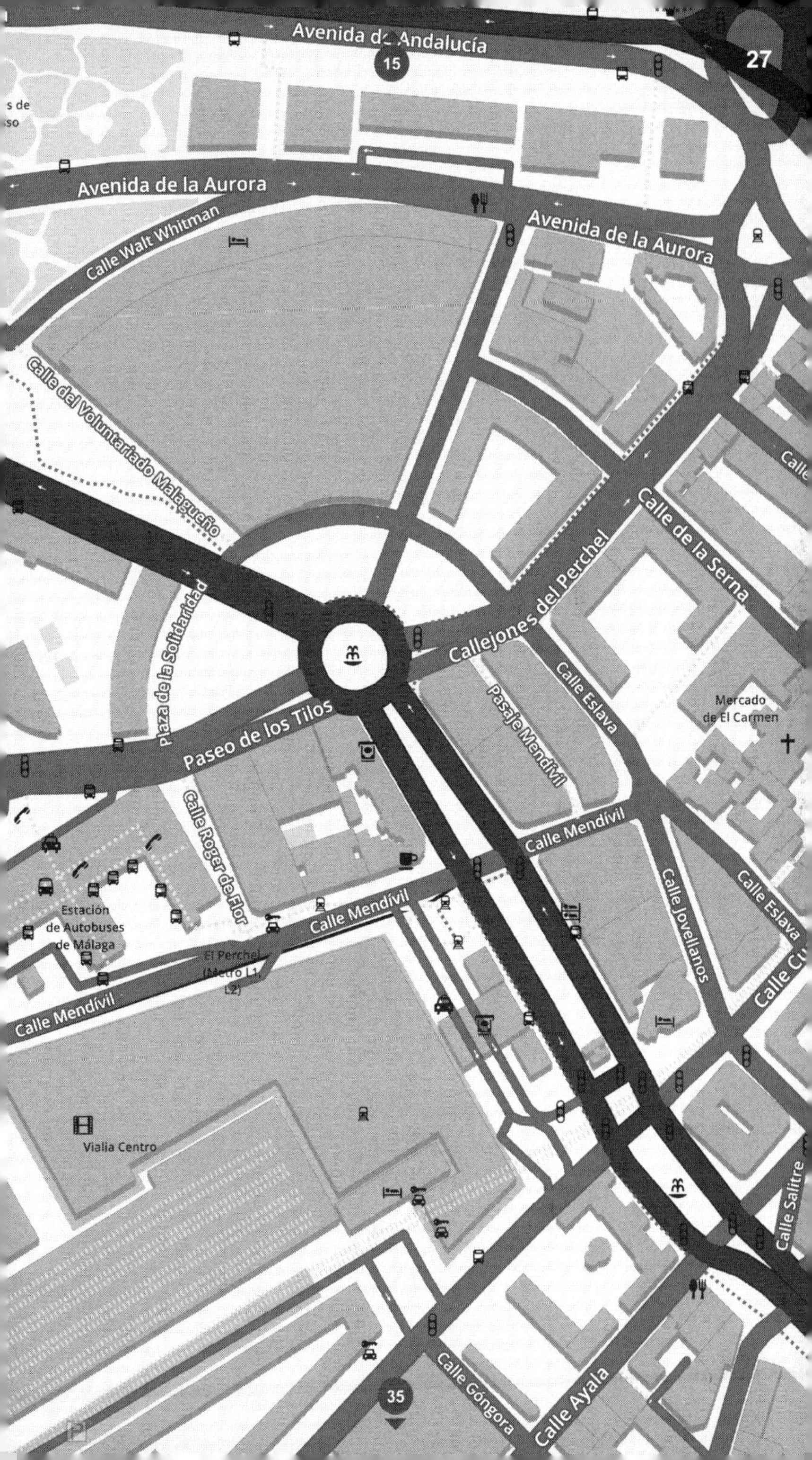

Avenida de Andalucía
15
27
Avenida de la Aurora
Avenida de la Aurora
Calle Walt Whitman
Calle del Voluntariado Malagueño
Plaza de la Solidaridad
Paseo de los Tilos
Callejones del Perchel
Calle de la Serna
Calle Eslava
Pasaje Mendívil
Mercado de El Carmen
Calle Mendívil
Calle Roger de Flor
Calle Mendívil
Estación de Autobuses de Málaga
El Perchel (Metro L1, L2)
Calle Mendívil
Calle Jovellanos
Calle Eslava
Vialia Centro
Calle Salitre
Calle Góngora
Calle Ayala
35

28
16
36
Puente de Tetúan
de Andalucía
Alameda
Plaza de Enrique Navarro
venida de la Aurora
Calle Linaje
Alameda de Colón
Calle de Pavia
Calle de Medellín
Pasillo del Matadero
Río Guadalmedina
Calle Ancha del Carmen
Calle Peregrino
Calle Cuarteles
Avenida del Comandante Benítez
Calle Alemania
Calle San Lorenzo
Calle Salitre
Calle San Andrés
Calle de la Constancia
Calle Navalón
Calle de la Plaza de Toros Vieja
Calle Alfonso Reyes
Calle Lebrija
onio Machado
del Arco
P

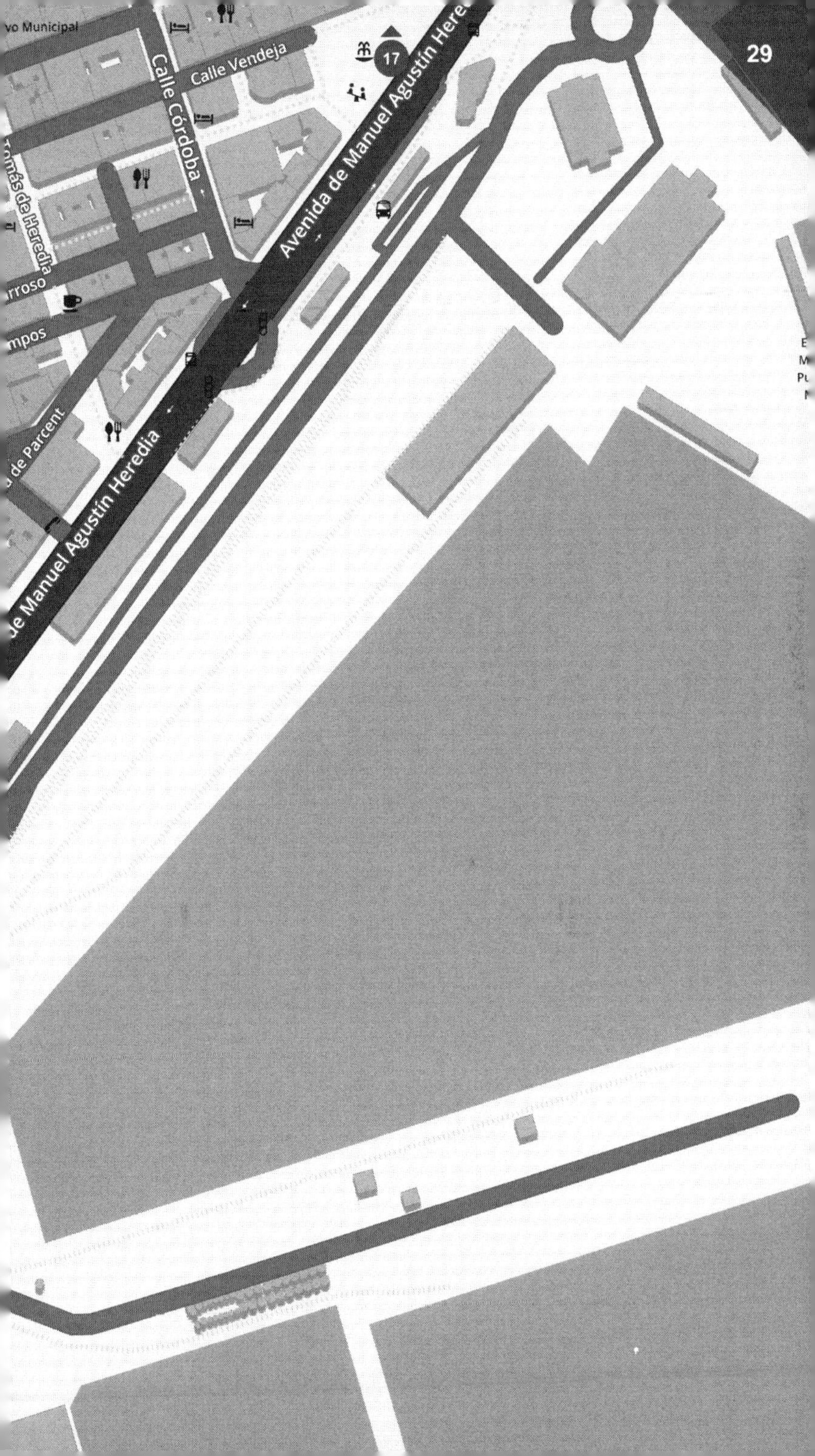
vo Municipal
Calle Vendeja
Calle Córdoba
17
Avenida de Manuel Agustín Heredia
de Manuel Agustín Heredia
rroso
mpos
de Parcent

18

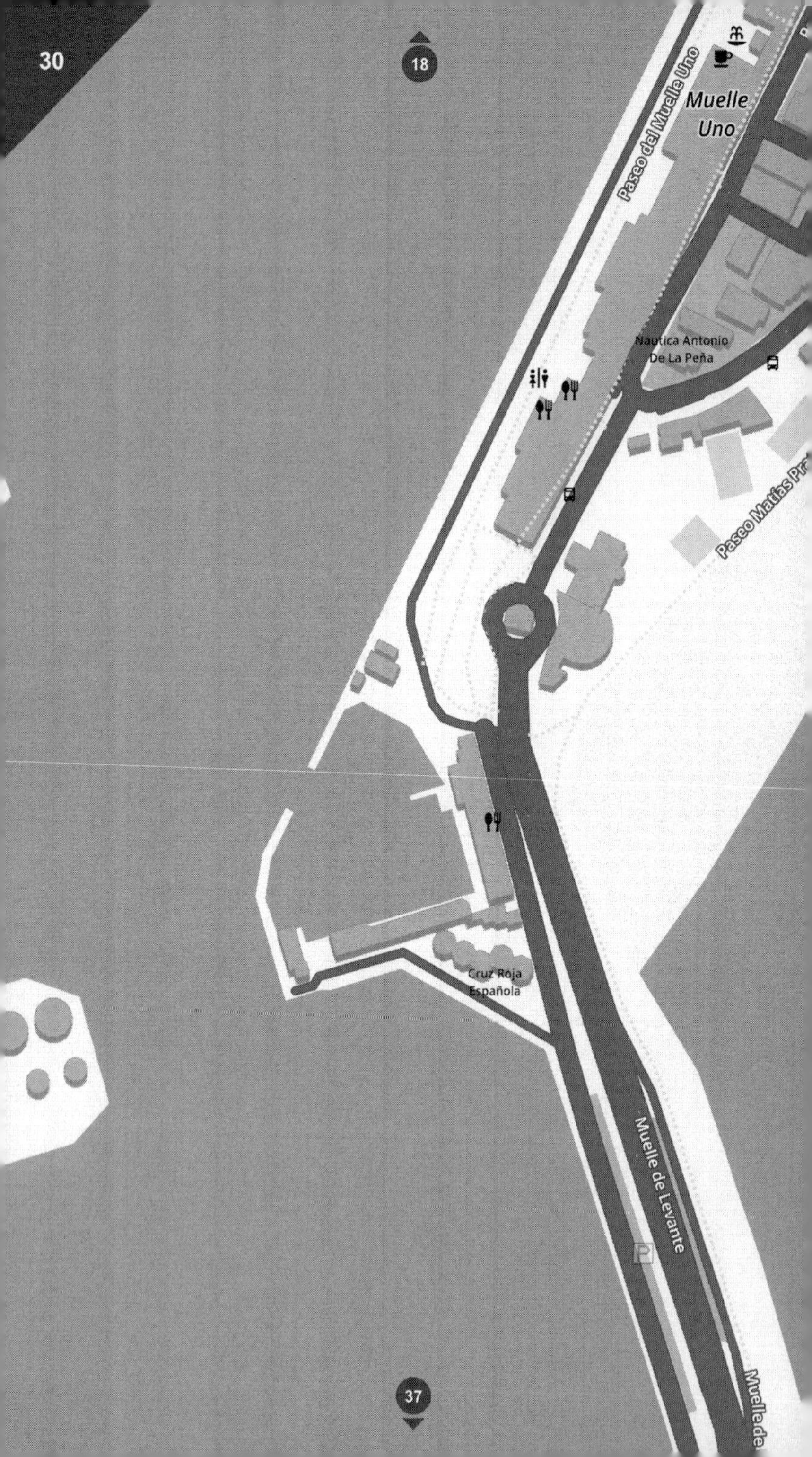

Paseo del Muelle Uno

Muelle Uno

Nautica Antonio De La Peña

Paseo Matías Pra

Cruz Roja Española

Muelle de Levante

Muelle de

37

Marítimo Ciudad de Melilla

Playa de
La Malagueta

24
Calle Alozaina
Calle Río Arrago
Ciudad de Andújar
Periana
Calle Iznate
Casarabonela
Calle Alcalde Díaz Zafra
Casarabonela
Calle Valle de Abdalajís
Calle Iznate
Periana
Camino San Rafael
Calle Serrato
Calle Farraján
Camino San Rafael
Calle Alcalde Antonio Verdejo
Calle Cerrajeros
Calle Ceramistas
Calle el Gallo
Calle Bodegueros
Bulevar Adolfo Suárez
Calle Puerto de los Pinos
Calle Sillita de la Reina
Bulevar Adolfo Suárez
Calle Erilla
Calle Alcalde Romero Raggio
Mercado
Dos Hermanas
38

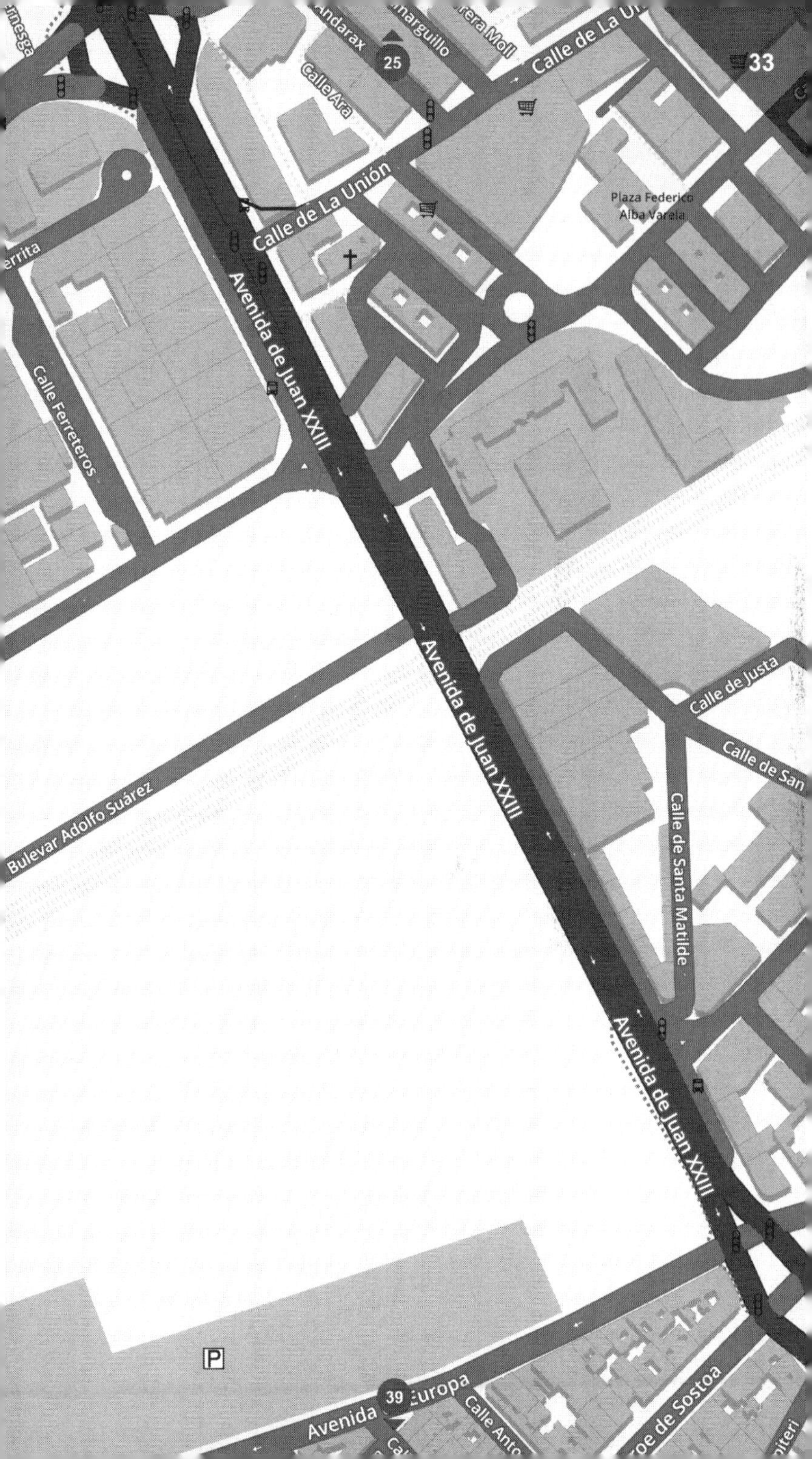

Andarax
Calle Ara
Calle de La Unión
Calle de La Unión
33
25
Plaza Federico
Alba Varela
Avenida de Juan XXIII
Avenida de Juan XXIII
Avenida de Juan XXIII
Calle Ferreteros
Bulevar Adolfo Suárez
Calle de Justa
Calle de Santa Matilde
P
39
Avenida Europa

34
26
Puente de Juan Pablo II
Calle Poeta Muñoz Rojas
Calle Velasco
Calle de Rafael Salinas
Calle Río Alcarrache
Calle Borgoña
Calle de Jordán Marbella
Calle Maestro Alonso
Calle Ayala
Calle Amadeo Vives
Calle Río Gargaliga
Calle Río Corcole
Calle de Capulino Jáureg
Pasaje Genil
Calle Goya
Calle Martos
Calle Ayala
Calle del Río Rocío
Calle la Hoz
Calle Grau
Calle Villarroel
Calle Río
Calle la Hoz
40
Calle de Arganda
Calle Mendoza

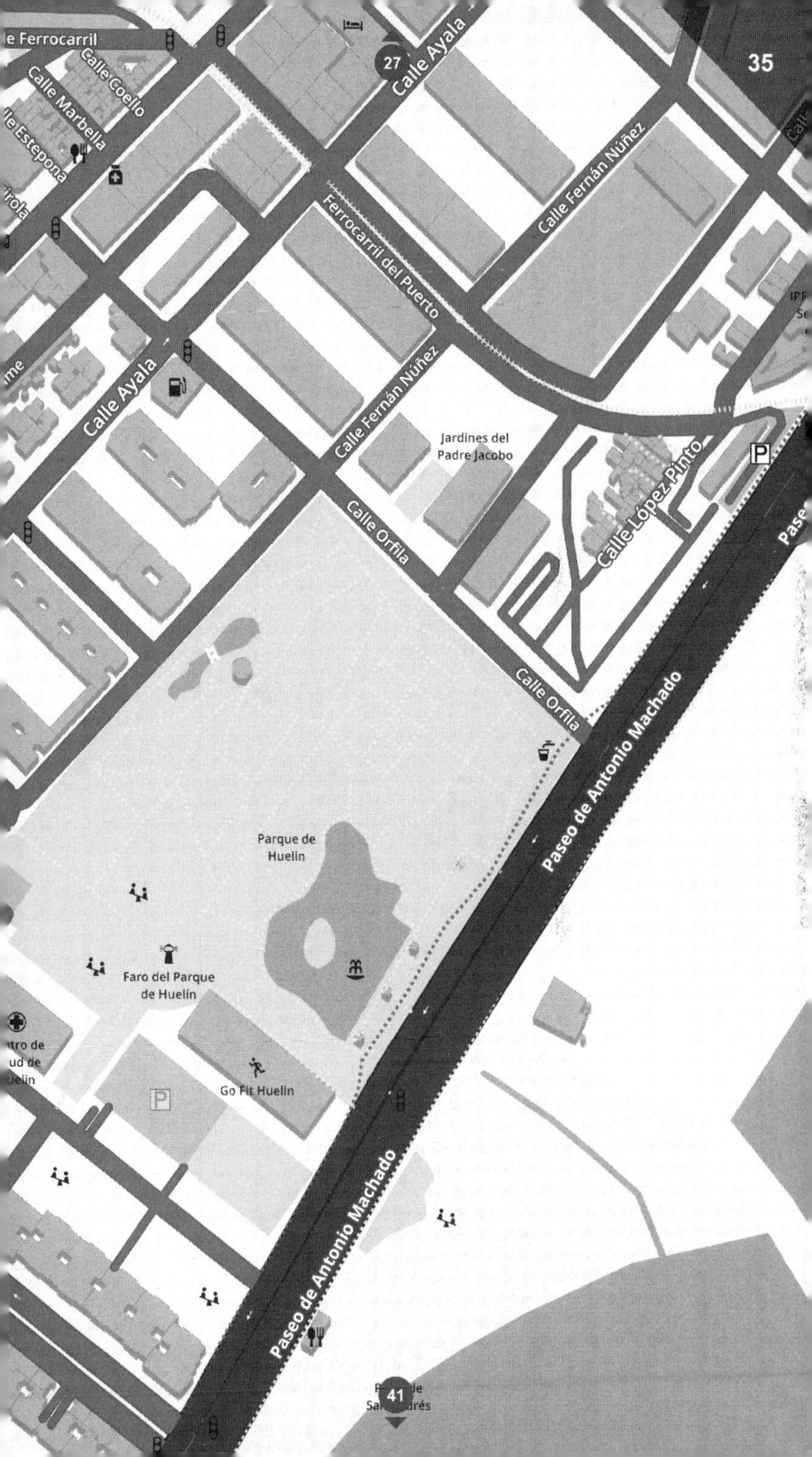

35
27
41
Calle Ferrocarril
Calle Coello
Calle Marbella
Calle Estepona
Calle Ayala
Ferrocarril del Puerto
Calle Fernán Núñez
Jardines del
Padre Jacobo
Calle López Pinto
Calle Orfila
Paseo de Antonio Machado
Parque de
Huelin
Faro del Parque
de Huelín
Go Fit Huelin

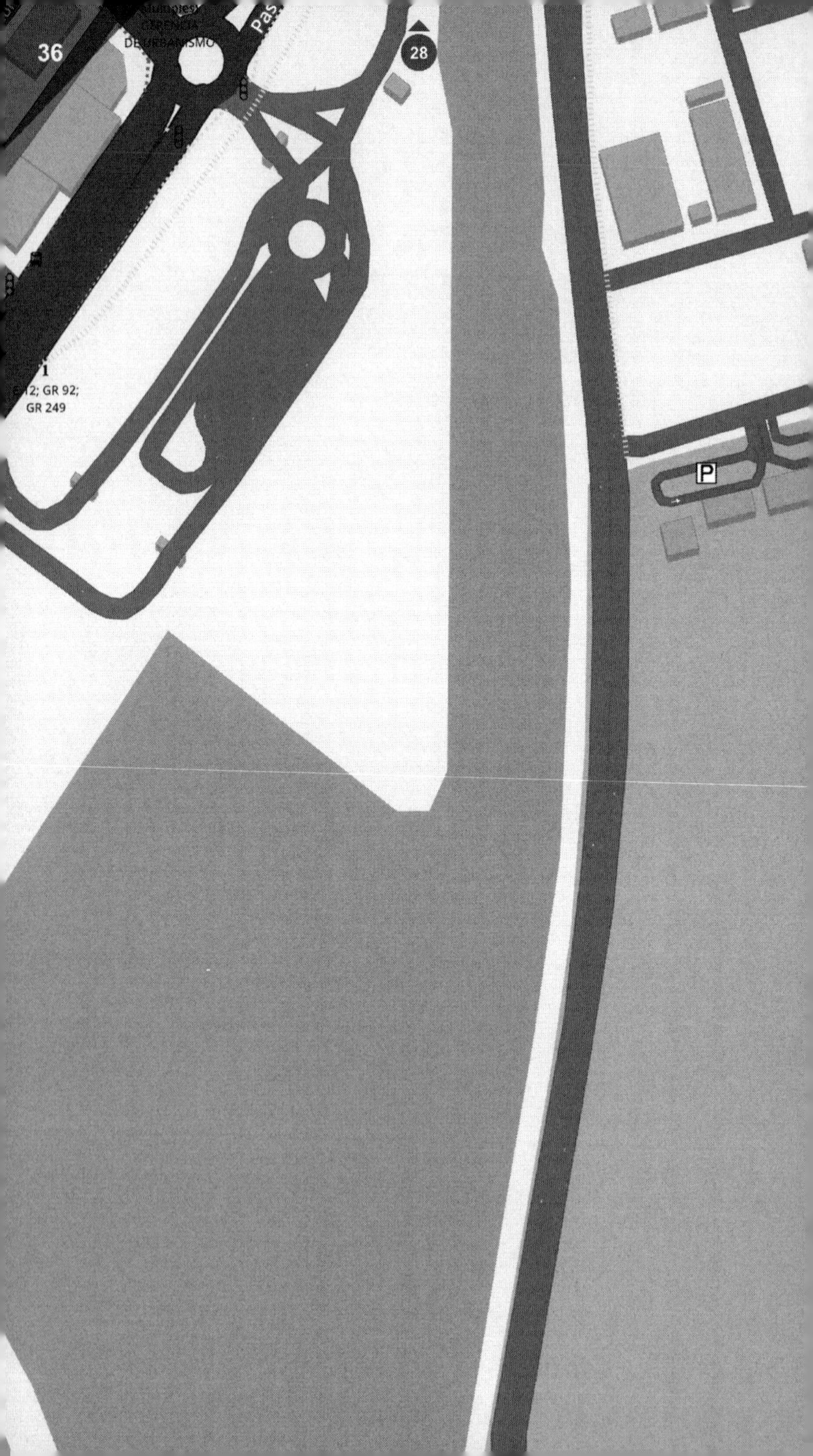
Pas
36
GERENCIA
DE URBANISMO
28
GR 92;
GR 249
P

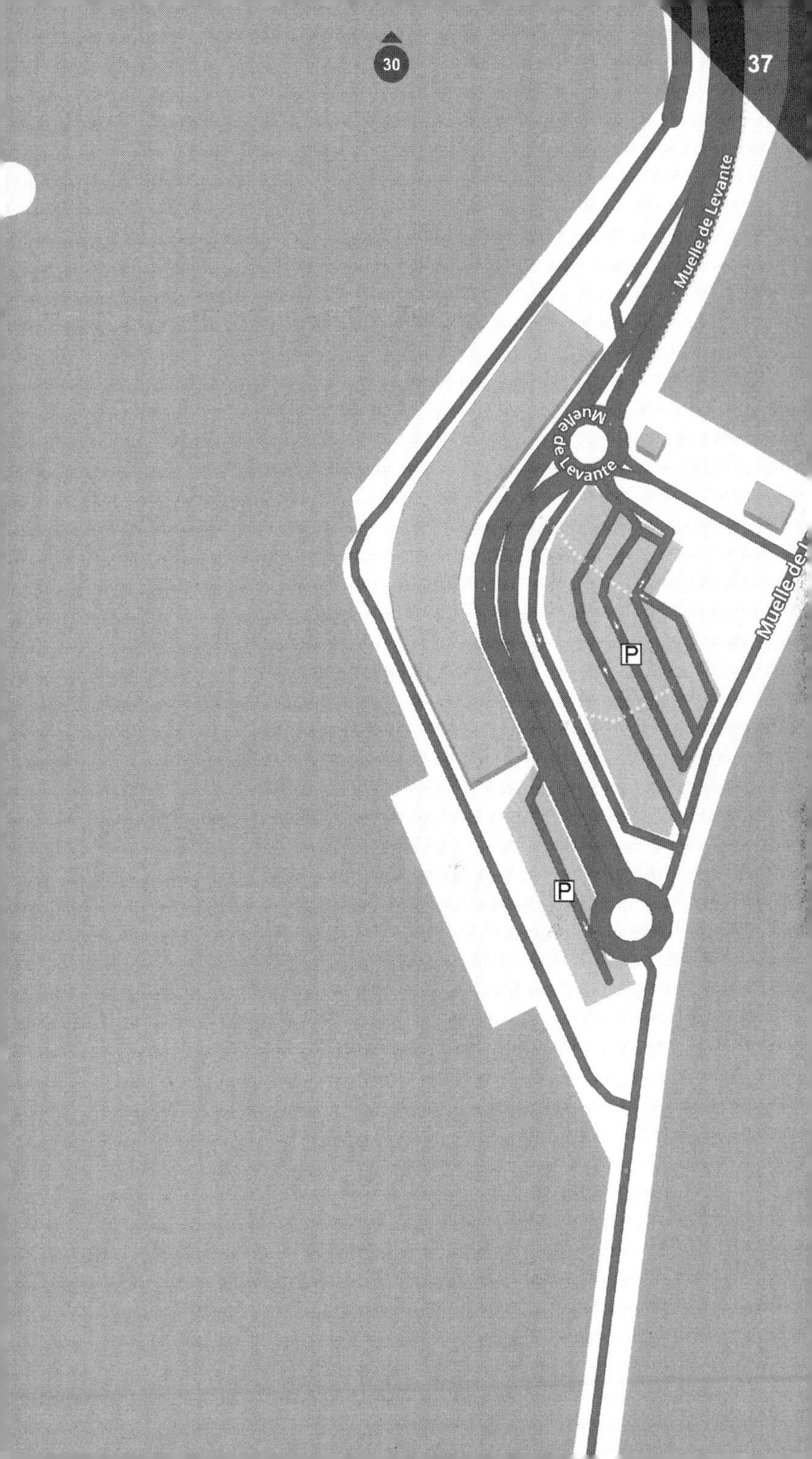
30
37
Muelle de Levante
Muelle de Levante
Muelle de
P
P

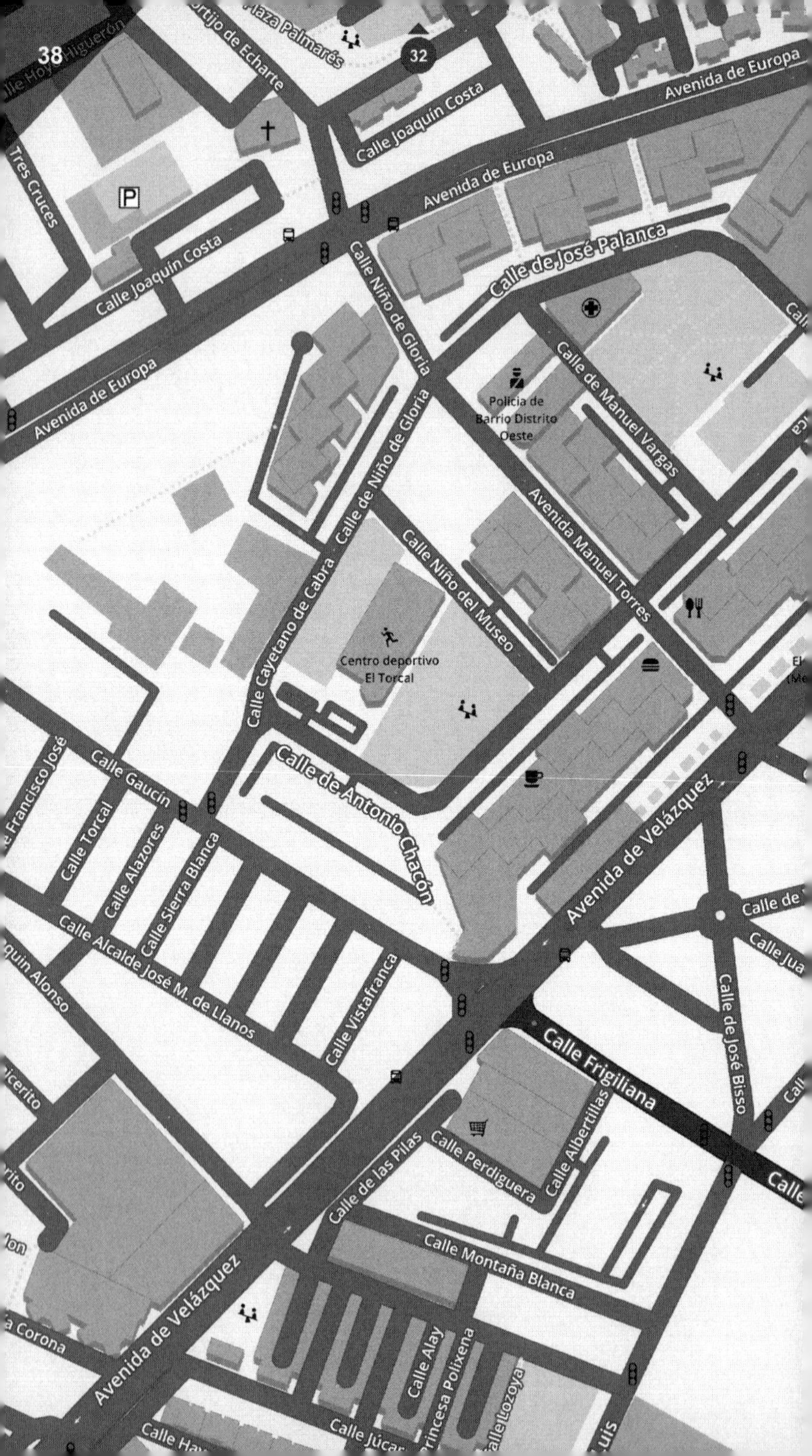
Plaza Palmarés
32
Avenida de Europa
Calle Joaquín Costa
Avenida de Europa
Tres Cruces
Calle Joaquín Costa
Calle de José Palanca
Calle Niño de Gloria
Avenida de Europa
Calle de Manuel Vargas
Policía de
Barrio Distrito
Oeste
Calle de Niño de Gloria
Avenida Manuel Torres
Calle Niño del Museo
Calle Cayetano de Cabra
Centro deportivo
El Torcal
Calle de Antonio Chacón
Calle Gaucín
Calle Torcal
Calle Alazores
Calle Sierra Blanca
Calle Alcalde José M. de Llanos
Avenida de Velázquez
Calle Vistafranca
Calle Frigiliana
Calle de José Bisso
Calle de las Pilas
Calle Perdiguera
Calle Albertillas
Calle Montaña Blanca
Avenida de Velázquez
Calle Alay
Princesa Polixena
Calle Júcar

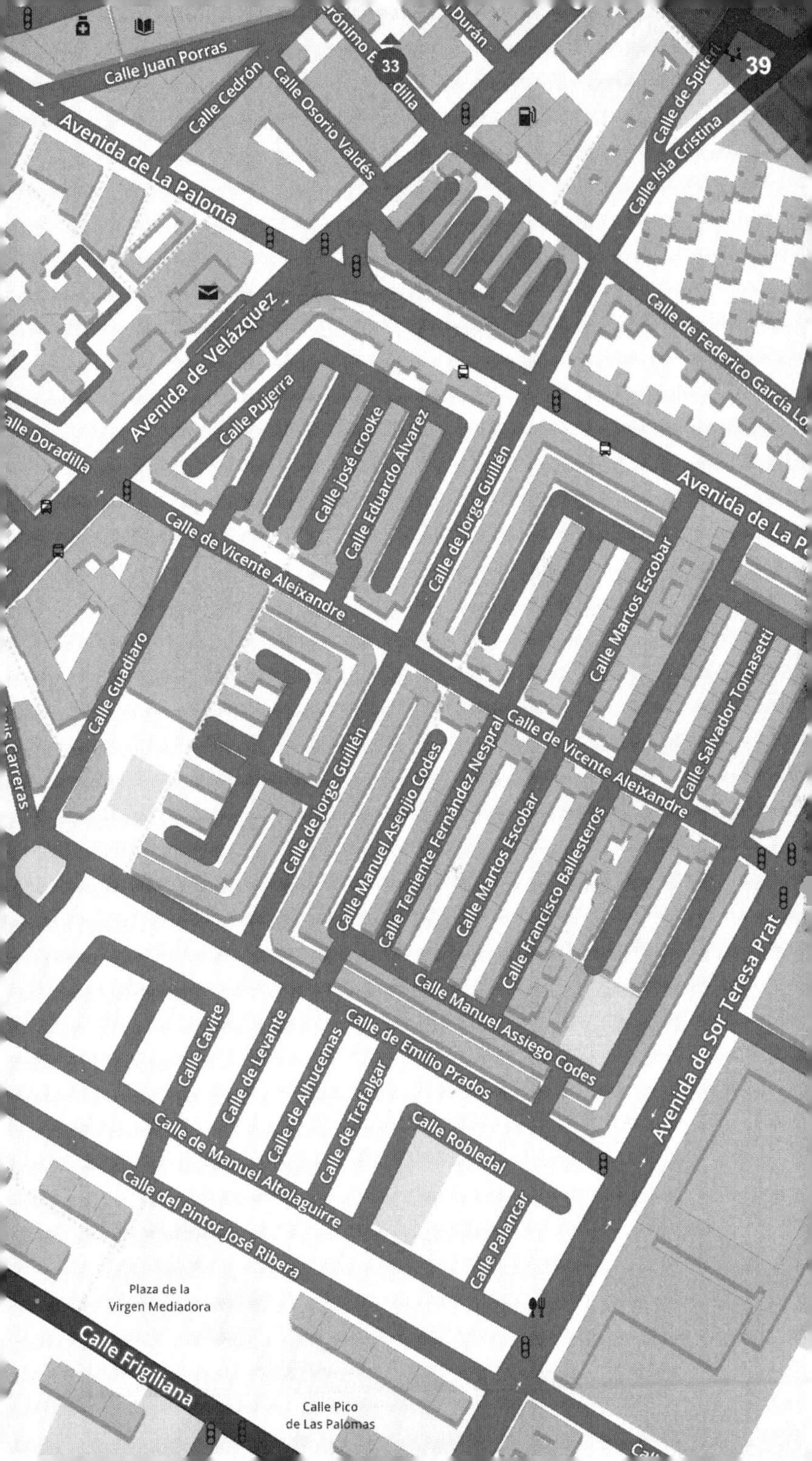

33
Calle Juan Porras
Calle Cedrón
Calle Osorio Valdés
Avenida de La Paloma
Calle de Spiteri
Calle Isla Cristina
Calle de Federico García Lo
Avenida de Velázquez
Calle Pujerra
Calle José crooke
Calle Eduardo Álvarez
Calle de Jorge Guillén
Calle Doradilla
Avenida de La Pa
Calle de Vicente Aleixandre
Calle Martos Escobar
Calle Salvador Tomasetti
Calle Guadiaro
Calle de Jorge Guillén
Calle Manuel Asenjio Codes
Calle Teniente Fernández Nespral
Calle Martos Escobar
Calle Francisco Ballesteros
Calle de Vicente Aleixandre
Avenida de Sor Teresa Prat
Calle Manuel Assiego Codes
Calle de Emilio Prados
Calle Cavite
Calle de Levante
Calle de Alhucemas
Calle de Trafalgar
Calle Robledal
Calle Palancar
Calle de Manuel Altolaguirre
Calle del Pintor José Ribera
Plaza de la Virgen Mediadora
Calle Frigiliana
Calle Pico de Las Palomas

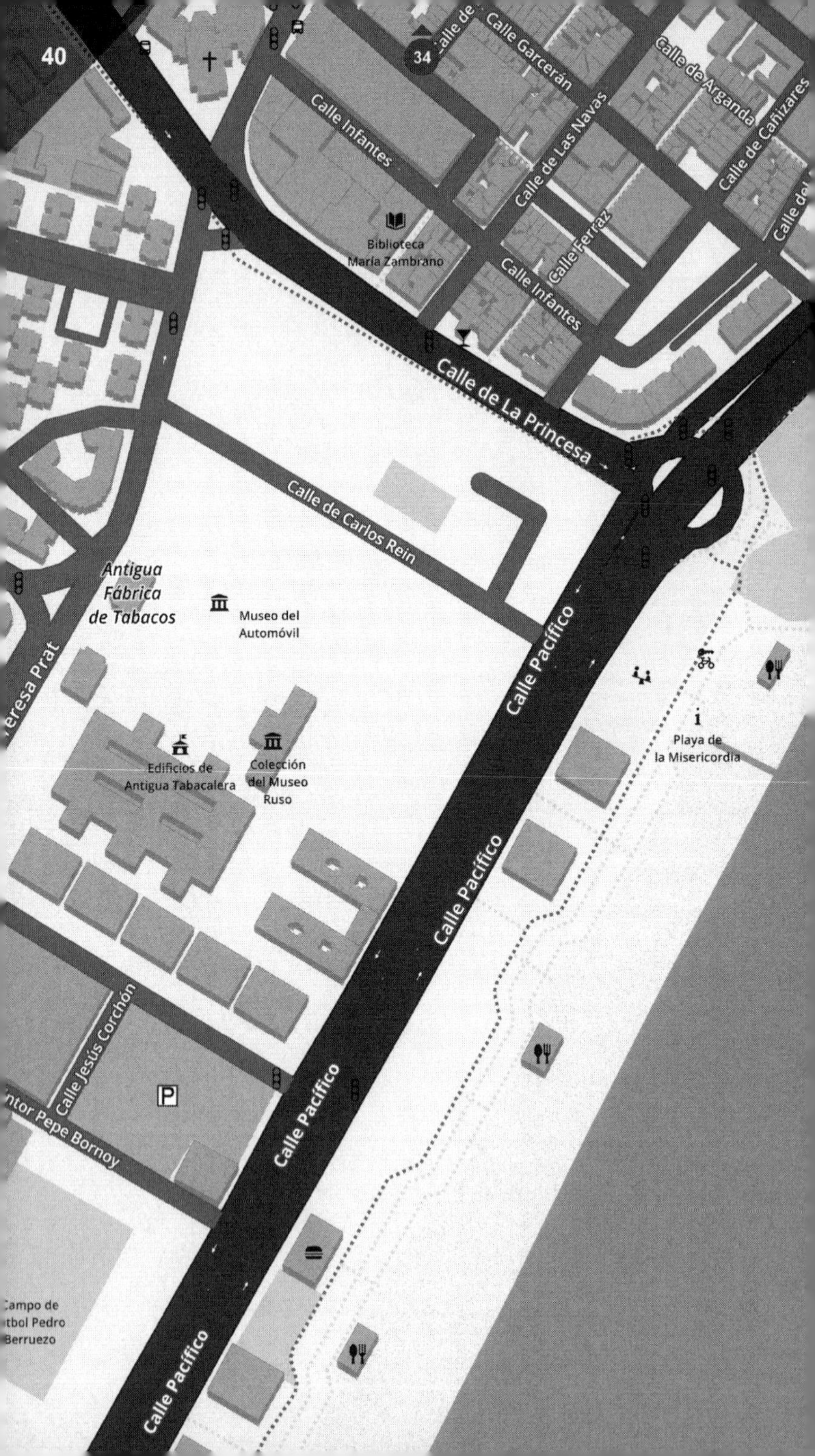
34
Calle Garcerán
Calle de Arganda
Calle de Cañizares
Calle Infantes
Calle de Las Navas
Biblioteca
María Zambrano
Calle Ferraz
Calle Infantes
Calle de La Princesa
Calle de Carlos Rein
Antigua
Fábrica
de Tabacos
Museo del
Automóvil
Calle Pacífico
Playa de
la Misericordia
Edificios de
Antigua Tabacalera
Colección
del Museo
Ruso
Calle Pacífico
Calle Jesús Corchón
P
Calle Pacífico
Calle Pacífico

35
41
onio Machado
Paseo marítimo Antonio Banderas

Streets

A

Abdías 8
Abogado federico orellana toledano - princesa . 33, 34, 40
Access hotel barceló málaga 27
Alameda de barceló . . 7
Alameda de capuchinos 7, 8
Alameda de colón . . . 28
Alameda de los capuchinos 7, 8
Alameda principal 16, 17, 28, 29
Alcalde tomás domínguez 14
Alozaina 32
Armengual de la mota - plaza de john f. kennedy . . . 6, 15, 16
Arroyo de los Ángeles 4–6
Atarazanas 17
Av valle inclan, s/n 3
Av. carlos haya - mármoles 12–16
Av. de la aurora 27
Av. ingeniero josé maría garnica . . . 27, 28, 36
Av. santa rosa de lima 12
Avenida carlos de haya 12, 13
Avenida cánovas del castillo 19
Avenida de andalucía 14, 15, 24–28
Avenida de andalucía-arroyo de los Ángeles 15, 16
Avenida de barcelona 5, 15
Avenida de blas infante 24
Avenida de carlos haya 13
Avenida de cervantes 18
Avenida de europa . . 33, 34, 38, 39
Avenida de fátima . 6, 16
Avenida de jorge silvela 6
Avenida de josé ortega y gasset 24, 25
Avenida de juan sebastián elcano . . 23
Avenida de juan xxiii . 24, 25, 33
Avenida de la aurora 25–28
Avenida de la luz 38
Avenida de la paloma 39, 40
Avenida de la rosaleda 6, 16
Avenida de las américas 14, 26, 27
Avenida de las caballerizas 11
Avenida de manuel agustín heredia . 17, 18, 28–30, 36, 37
Avenida de miraflores . 3
Avenida de miraflores de los Ángeles . 3, 4
Avenida de pries . 19, 20
Avenida de sor teresa prat 39, 40
Avenida de valle inclán 3
Avenida de velázquez 38, 39
Avenida del arroyo de los Ángeles 4–6
Avenida del comandante benítez . . . 28
Avenida del mayorazgo 11
Avenida del obispo Ángel herrera oria 12–14
Avenida del pintor joaquín sorolla 21–23
Avenida doctor gálvez ginachero 5, 6
Avenida doctor marañón 6
Avenida ingeniero josé maría garnica . . . 27, 28, 36
Avenida manuel torres 38
Avenida nuestra señora de los clarines 4
Avenida pintor joaquín sorolla 21
Avenida purísima . . 4, 14
Avenida san sebastián 14
Avenida santa rosa de lima 12
Avenida simón bolivar . 5

B

Baños del carmen . . . 23
Bulevar adolfo suárez 32, 33
Bulevar louis pasteur - av. cervantes 12–18, 26–28

C

Calle abadía santa ana 17, 18
Calle abdias 8
Calle abejaruco 24
Calle acanto 38, 39
Calle actriz rosario pino 6
Calle adaja 25
Calle adela quiguisola 16
Calle afligidos 17
Calle agustín durán . . 33, 39
Calle agustín montes 34, 35
Calle agustín montes fuentes 35
Calle agustín moreto . . 8
Calle agustín parejo . . 16
Calle alagon 25
Calle alarconcillo 34
Calle alarcón 6
Calle alay 38
Calle alazores 38
Calle albacete 3
Calle albahaca 25
Calle alberche 25
Calle albertillas 38
Calle alcalde antonio verdejo 32
Calle alcalde corró de bresca 32
Calle alcalde díaz zafra 24, 32
Calle alcalde garcía segovia 32
Calle alcalde joaquin alonso 38
Calle alcalde josé luis estrada 3
Calle alcalde josé m. de llanos 38
Calle alcalde josé maría corona 38
Calle alcalde moreno mico 32
Calle alcalde pedro luis alonso 18
Calle alcalde romero raggio 32, 38
Calle alcántara 17
Calle alegrías 25
Calle alemania 28
Calle alfambra 25
Calle alfonso de valdés 14
Calle alfonso reyes . . 28
Calle alfredo catalán 33, 39
Calle alfredo nobel . . 13, 14
Calle alférez alfonso marín 14
Calle alférez beltrán monchón 14
Calle alférez delgando alés 14
Calle alférez garcía valdecasas 14
Calle alférez gonzález berrocal 14
Calle alférez herminio bordallo 14
Calle alférez huelin vallejo 14
Calle alférez luis escassi 14
Calle alférez patricio gutiérrez 14
Calle alférez simo castillo 14
Calle alférez yánez jiménez 14
Calle alférez Ángel rosado 14
Calle almansa 15, 16
Calle almanzor . . . 25, 33
Calle almona 6
Calle alonso benítez . . 8
Calle alonso cano 5
Calle alonso de fonseca 4, 5
Calle alonso de palencia 15
Calle alonso hernandez 4
Calle alozaina . 24, 25, 32
Calle alpargaterito . . . 38
Calle alta 7
Calle amadeo vives . . 34
Calle amarguillo . . 25, 33
Calle ana bernal 8
Calle ana solo de zaldívar 3
Calle ancha del carmen 27, 28
Calle ancla 17
Calle andalucía . . . 14, 15
Calle andarax 25, 33
Calle andrés pérez 16, 17
Calle angelillo de triana 38
Calle angosta del carmen 27, 28
Calle anita adamuz . 4, 5
Calle antonio baene gomez 17
Calle antonio gómez téllez 26
Calle antonio jiménez ruiz 14, 15
Calle antonio josé cappa 8
Calle antonio luis carrión 26
Calle antonio martelo 25
Calle antonio maura . 33, 39
Calle antonio merlo . . 12
Calle antonio romero . . 4
Calle apamares . . . 10, 11
Calle aparejo 14
Calle ara 33
Calle arance 16
Calle arapiles 7
Calle arco de la cabeza 16, 17
Calle arenoso 32
Calle armillita chico . . 39
Calle arquelles 7
Calle arriarán 29
Calle arturo reyes 4
Calle asalto 26
Calle asiria 11
Calle atarazanas . . 16, 17
Calle aventurero 17
Calle ayala 27, 34, 35
Calle azucena 17
Calle babel 26
Calle badis 20
Calle bailén 4, 5, 15
Calle ballesteros 17
Calle barberito 39
Calle barbos 3
Calle barca 4
Calle baron de les 3
Calle barquillero 39
Calle barranco 10
Calle bartolomé carrasco 9
Calle becquer 34, 35
Calle begoñana 32
Calle berrocal 4
Calle betsaida 26
Calle biedmas 16
Calle bienvenida 39

Calle blas de lezo . . . 4, 5
Calle blas de otero . . . 13
Calle blasco de garay 29
Calle bobastro 20
Calle bocanegra 39
Calle bodegueros 32, 33
Calle borgoña 34
Calle bresca 4, 5
Calle brianda de acuña 12
Calle brújula 3
Calle bustamante 16
Calle cabas galván . . 3, 4
Calle cabello 7
Calle cabiro 3
Calle calahonda 13
Calle calatrava 26
Calle calderón de la barca 16
Calle calesera 25
Calle calzada de la trinidad 5
Calle camas 16
Calle camero 26
Calle campos eliseos 19
Calle campoy 32
Calle canaan 20
Calle canasteros 17
Calle canchal 38
Calle canoa 16
Calle canónigo fernández de Ávila 32
Calle caobos 10, 20
Calle capellán ortigosa santos 14
Calle capitán 17
Calle capitán enrique vera 14
Calle capitán huelin . . 14
Calle capitán marcos garcía 14
Calle capitán muñoz lozano 14
Calle capuchinos 7
Calle capulino jáuregui 34
Calle carceleras 25
Calle carlos barral 12
Calle carlos falguera . . 4
Calle carlos triviño moreno 39
Calle carmelitas 6
Calle carmen de burgos 34
Calle carmen laffon . . 24
Calle carnicerito 38
Calle carpas 3, 4
Calle carpinteros . 32, 33
Calle carraca 4
Calle carrasco 8
Calle carretería . . . 16, 17
Calle carril de gamarra 13
Calle carril de salyt 3
Calle carrión 7
Calle cartajima 32
Calle cartucherita 12
Calle casado 6
Calle casapalma 17
Calle castaños 6
Calle castillo de sohail 16
Calle cataluña 14, 15
Calle cavite 39
Calle cayetano de cabra 38
Calle cañada del tesoro 39
Calle cañas 25
Calle cañaveral 16
Calle cedros de monte sancha 10, 20
Calle cedrón 33, 39
Calle centeno 25
Calle cepero 25, 33
Calle ceramistas 32
Calle cerezuela 16
Calle cerquijos 32
Calle cerrajeros 32
Calle cerrojo 15, 16
Calle cesar arbasia 3
Calle cesareo martinez 5
Calle charlie rivel 17
Calle charlot 10
Calle chaves 8
Calle chinchilla 7
Calle cipreses 12
Calle ciprés 12
Calle circo 8
Calle cisneros 16
Calle cobertizo de malaver 16
Calle cocherito 38
Calle coello 35
Calle comedias 17
Calle compañía 16
Calle compás de la victoria 8
Calle conan doyle 24
Calle concejal agustín moreno 17
Calle concejal josé maría martín carpena 3
Calle concejal masso roura 32, 38
Calle concejal peña abizanda 13
Calle conco bolas 17
Calle conde de cheste 13
Calle conde de cienfuegos 8, 18
Calle conde de guadalhorce 25
Calle coronado 17
Calle coronel osuna . 24, 32
Calle corta 9
Calle cortijo de echarte 32, 38
Calle cortijuelo 38
Calle cortés el viejo . 32, 38
Calle covarrubias 5
Calle cristino martos . . 4
Calle cristo de la epidemia 8
Calle cruz del molinillo 6, 7
Calle cuarteles . . . 27, 28
Calle cuervo 7
Calle cueva del labradillo 32
Calle cura de los palacios 20, 21
Calle curadero 6
Calle currito de la cruz 38
Calle curtidores 32
Calle cárcer 17
Calle císter 17
Calle cómpeta 12
Calle córdoba 17, 29
Calle daoiz 6
Calle de agustín martín carrión 33
Calle de alarcón luján 17
Calle de alderete . . . 6, 7
Calle de alfonso peña beeuf 39
Calle de alhucemas . 39
Calle de almacenes . . 17
Calle de almagro 9
Calle de altamira . 34, 40
Calle de andrés coll pérez 39
Calle de antonio chacón 38

Calle de antonio soler 34, 35
Calle de arango 15
Calle de arganda . 34, 40
Calle de argéntea . 12, 13
Calle de armengual de la mota . . . 15, 16, 27
Calle de arquitecto blanco soler 17
Calle de babel 26
Calle de barcenillas 8, 9
Calle de barroso . 28, 29
Calle de bartolomé pancorbo 33, 34
Calle de benagalbón . 24
Calle de benalauría . . 12
Calle de bilbao 40
Calle de capulino jáuregui 34
Calle de carlos amel . 33
Calle de carlos rein . . 40
Calle de carpio . . . 33, 34, 40
Calle de casajara . . . 5, 6
Calle de casas de campos 28, 29
Calle de cañizares . . . 40
Calle de cervantes . . . 19
Calle de chaves 8
Calle de chiclanero . . 18
Calle de churruca 15
Calle de correos viejos 17
Calle de cotrina 15
Calle de cristina 15
Calle de cárcer 17
Calle de diego lara valle 33, 34
Calle de domingo de orueta 34
Calle de don cristian . 15, 16
Calle de don juan de austria 6, 16
Calle de don juan diaz 17
Calle de don quijote . 24
Calle de doña trinidad 16
Calle de duque de la victoria 17
Calle de eduardo de palacio 38, 39
Calle de eduardo domínguez Ávila 7
Calle de eduardo marquina 34, 40
Calle de eduardo r españa 33
Calle de eduardo torres roybon 33
Calle de emilio la cerdà 40
Calle de emilio prados 39
Calle de enrique scholtz 15, 16
Calle de federico garcía lorca 39, 40
Calle de fernando 'el católico' 8
Calle de fernando camino 19
Calle de fernán caballero 11
Calle de fernán gonzález 16
Calle de francisco bejarano robles 18
Calle de francisco monje 16
Calle de félix revello de toro 9, 10
Calle de gabriel de la encina 33, 34
Calle de giuseppe micael 38
Calle de gordón 8
Calle de guillermo carrera rubio 38, 39
Calle de hernan ruíz . . 17
Calle de hernán cortés 7
Calle de ildefonso marzo 38, 39
Calle de isabel 'la católica' 8
Calle de jacinto verdaguer 27, 28
Calle de jacobo laan . 39
Calle de jordán marbella 34
Calle de jorge guillén 39
Calle de josé bisso . . . 38
Calle de josé denis belgrano 17
Calle de josé ferrer . . 34, 41
Calle de josé palanca 38
Calle de juan bautista barba 33
Calle de juan carlos onetti 24
Calle de juan de canderrera 7
Calle de juan de herrera 6, 16
Calle de juan de la encina 7
Calle de juan de mena 6
Calle de juan de padilla 17
Calle de juan de peralta 33
Calle de justa 33
Calle de la acequia . . 34
Calle de la alcazabilla 18
Calle de la alhóndiga . 17
Calle de la amargura . 8, 9
Calle de la barrera de la trinidad 15
Calle de la bolsa 17
Calle de la calderería . 17
Calle de la caramba . 34
Calle de la cinteria . . . 17
Calle de la compañía 16, 17
Calle de la constancia 28
Calle de la cortina 8
Calle de la cortina del muelle 17, 18
Calle de la cruz verde 7, 8
Calle de la explanada de la estación . . . 27
Calle de la madre teresa de calcuta 26
Calle de la merced . . . 18
Calle de la piedad . . . 25
Calle de la plaza de toros vieja . . . 27, 28
Calle de la princesa . . 40
Calle de la puerta nueva 16
Calle de la purificación 6
Calle de la regente . 5, 6
Calle de la república argentina 11
Calle de la serna 27
Calle de la torrecilla . . 22
Calle de la unión . 25–27, 33
Calle de la victoria . 8, 18

Calle de la virgen de la cabeza 12, 24
Calle de las beatas . . . 17
Calle de las espuelas . 11
Calle de las navas 34, 40
Calle de las palmeras del limonar . . . 10, 11
Calle de las pilas 38
Calle de lasso de la vega 34
Calle de leopoldo alas clarín 35
Calle de levante 39
Calle de liborio garcia 17
Calle de los canales . 28
Calle de los carboneros 15
Calle de los convalecientes 17
Calle de los cristos 7
Calle de los montes de oca 15
Calle de los potrillos . 11
Calle de lozano de torres 8
Calle de luchana 5, 6
Calle de lucía 39
Calle de luis carreras 39
Calle de luis de maceda 8, 9
Calle de luis de velázquez 17
Calle de luis francisco pallardo peinado 24
Calle de manuel altolaguirre 39
Calle de manuel assiego codes . . 39
Calle de manuel vargas 38
Calle de marcos de obregón 22, 23
Calle de marcos gómez 8
Calle de marin garcía . 17
Calle de maría villanueva de gallego 35
Calle de medellín 28
Calle de miguel bueno lara 7
Calle de miguel de unamuno 7
Calle de miguel indurain 22
Calle de moreno monroy 17
Calle de nicasio calle . 17
Calle de niño de gloria 38
Calle de noé 12, 24
Calle de nuñez vela . . 12
Calle de paco miranda 8
Calle de pavia 28
Calle de pedro de almaguer 33
Calle de pedro de paz 33
Calle de pedro de quejana 9
Calle de pedro de toledo 17
Calle de pedro espinosa 12
Calle de pepe estrada 7
Calle de pizarro 15
Calle de postigo de los abades 17
Calle de rafael salinas 34
Calle de ramos de carrión 11
Calle de robert boyd . 34
Calle de rodrigo de ulloa 8
Calle de ruiz isidro . . . 23
Calle de salvador dalí . 5, 6
Calle de salvador espada leal 34
Calle de salvador noriega 33
Calle de san julián 17
Calle de san lucas 33, 34
Calle de san lázaro . 8, 9
Calle de san quintín 5, 6
Calle de san telmo . . . 17
Calle de sancha de lara 17
Calle de sanchez pastor 17
Calle de santa agueda 33
Calle de santa lucía . . 17
Calle de santa maría micaela 8
Calle de santa matilde 33
Calle de santa rufina . 33, 34
Calle de sebastián souvirón 16, 17
Calle de spiteri . . . 33, 39
Calle de tomás de heredia 29
Calle de tomás echevarria . . . 34, 35
Calle de trafalgar 39
Calle de van dulken . . 39
Calle de vasco de gama 7
Calle de ventura rodríguez 5, 6
Calle de vicente aleixandre 39
Calle de vicente gómez de cádiz 7
Calle de viriato 7
Calle de vázquez claver 38, 39
Calle debla 25
Calle decano félix navarrete 27
Calle del abogado federico orellana toledano . 33, 34, 40
Calle del agua 8
Calle del alférez ortega ledesma 14
Calle del almirante . . 40
Calle del altozano 8
Calle del arco 28
Calle del arenal 19
Calle del arrebolado . 15
Calle del blanco coris 15
Calle del calvo 16
Calle del carril 15
Calle del cañuelo san bernardo 17
Calle del cobertizo del conde 7, 8
Calle del comandante román 39
Calle del comisario . . . 17
Calle del compositor lehmberg ruiz 14, 15
Calle del compás de la victoria 8
Calle del concejal muñoz cerván . . 39, 40
Calle del concejal rodríguez soria 28
Calle del conde de tendilla 8
Calle del conde de ureña 9
Calle del corregidor antonio de bobadilla

24
Calle del corregidor carlos garafa . 12, 24
Calle del corregidor francisco de molina 24
Calle del corregidor francisco luján . . 24
Calle del corregidor francisco molina 24
Calle del corregidor josé viciana . . 12, 24
Calle del corregidor nicolás isidro 24
Calle del corregidor paz y guzmán 24
Calle del corregidor ruiz de pereda 24
Calle del cura merino . 7
Calle del císter 17, 18
Calle del cómico riquelme 34, 35
Calle del donoso cortés 28, 35, 36
Calle del general ibáñez 8
Calle del maestro chapí 34
Calle del marqués de larios 17
Calle del marqués de valdeflores . . 33, 34
Calle del padre miguel sánchez 16
Calle del pintor josé ribera 38, 39
Calle del politécnico . 12, 24
Calle del puerto 19
Calle del rocío 23
Calle del río rocío 34
Calle del sargento crooke lópez 39, 40
Calle del soldado muñoz cañero . . 40
Calle del voluntariado malagueño 27
Calle denamiel de castro 9
Calle deportistas 8
Calle diaz molina 4
Calle diego de almaguer 26
Calle diego de siloé . 7, 8
Calle diego de vergara 5, 15
Calle diego vázquez otero 14
Calle divina pastora . . . 7
Calle doctor casares bescansa 25
Calle doctor escassi . . 14
Calle doctor fernando martorell otzet . . 25
Calle doctor fleming . . 5
Calle doctor gutiérrez calzada 12
Calle doctor lazarraga 13, 14
Calle doctor manuel pérez bryan 17
Calle doctor mañas bernabéu 25
Calle doctor millan . 3, 4
Calle doctor pérez montaut 14
Calle doctor ruiz de la herrán 13
Calle doctor ruiz jimenez 13
Calle doctor santiago muñoz 11
Calle domingo lozano . 4
Calle domingo savio . . 4
Calle don cristian 15
Calle don jose fernandez castany 34
Calle don juan de málaga 17
Calle don ricardo 15
Calle don rodrigo . . . 6, 7
Calle doradilla 38, 39
Calle dos aceras . . . 7, 17
Calle dos hermanos . . . 7
Calle doña enriqueta . 15
Calle doña maría manrique 38
Calle duende 17
Calle dulce chacón . . 26, 34
Calle duque de rivas . . 6
Calle duquesa de parcent 28, 29
Calle díaz de palacio . . 5
Calle e. ocón 7, 17
Calle echegaray 17
Calle eclesiastes 7
Calle eclesiastes jesús del prendimiento . 7
Calle ecuador 4, 15
Calle edison 26
Calle edom 25, 26
Calle eduardo bayo . . . 4
Calle eduardo carvajal 25
Calle eduardo san martín 14
Calle eduardo Álvarez 39
Calle edward elgar . . 34, 35
Calle egipto 11
Calle eguiluz 26, 27
Calle ejido 7, 8
Calle el gallo 32
Calle eloy sebastián fraile 4
Calle embajadores . . . 34
Calle emilio lafuente alcántara 38
Calle empecinado 7
Calle empedrada 15
Calle empinada 9
Calle enlace 10
Calle enrique cano ortega 39
Calle enrique de egas . 3
Calle enrique herrera moll 25, 33
Calle enrique scholtz 16
Calle enzio 26
Calle erilla 32
Calle ermitaño 6, 7
Calle ernesto 8
Calle escalerilla 9
Calle escritor enrique llovet 14
Calle escultor palma burgos 26
Calle eslava 27
Calle esmalte 38, 39
Calle esparteros 17
Calle especería . . . 16, 17
Calle esperanto 15
Calle esperanza 8
Calle espronceda 34
Calle estepona 35
Calle estrecha 9
Calle estébanez calderón 15, 16
Calle eugenio gross . . 4, 14
Calle eugenio rioboo . . 4
Calle eusebio blasco . 11
Calle evaristo minguet 13
Calle fajardo 16
Calle faro 19
Calle farraján 32

Calle feijóo 16
Calle felix assiego 4
Calle felix mesa 8
Calle fernando alcántara 4, 14
Calle fernando chirino . 5
Calle fernando rey . 8, 18
Calle fernán núñez . . 27, 35
Calle fernández fermina 24–26
Calle ferraz 40
Calle ferreteros 33
Calle ferrocarril . . . 34, 35
Calle ferrándiz 8–10
Calle filipinas 4
Calle fiscal enrique beltrán 13
Calle fontana 38
Calle frailes 7, 8, 18
Calle francisco ballesteros 39
Calle francisco de paula pareja 13, 14
Calle francisco de rioja 17
Calle francisco de sarria 26
Calle francisco ferrer . . 4
Calle francisco garcía almendro 26
Calle francisco giner de los ríos 12, 13
Calle francisco josé . . 38
Calle francisco martos 4
Calle francisco vigil escalera 13
Calle fresca 17
Calle frigiliana 38, 39
Calle fuengirola . . 34, 35
Calle fuente de la manía 9
Calle fuente del moro 38
Calle fuentecilla 16
Calle fuentepiedra . . . 32
Calle félix corrales . 4, 14
Calle félix gómez 39
Calle félix navarrete . . 27
Calle gabriel celaya . . 27
Calle galeaza 4
Calle galeno 3
Calle galera 4
Calle galeón 4
Calle gaona 7
Calle garcerán . . . 34, 40
Calle garcía briz 16
Calle garcía de haro . . . 8
Calle garcía valero 11
Calle gaucín 38
Calle gazules 4
Calle general blake . . 14
Calle general narváez . 9
Calle genezaret 26
Calle genil 34
Calle genoveses 3
Calle georges bizet . . 34
Calle gerona 25, 26
Calle gigantes 16, 17
Calle gil polo 9
Calle gisbert 7
Calle godino 5, 6
Calle goethe 11
Calle gonzález anaya 14, 15
Calle gorrión 12
Calle goya 34
Calle grama 16
Calle granada 17, 18
Calle granados 17
Calle grau 34
Calle gravina 6, 7
Calle gregorio de frías 33
Calle grilo 26
Calle grupo los millones 3, 13
Calle guadalaviar 34
Calle guadalete 40
Calle guadiaro 39
Calle guatemala 13
Calle guerrero 7
Calle guerrita 32, 33
Calle guillén de castro 16, 17
Calle guillén sotelo . . 18
Calle guindaleta 39
Calle gustavo garcía herrera 13
Calle gutemberg 20
Calle gutemburg 20
Calle gutenberg 20
Calle gálatas 8
Calle gómez de salazar 8
Calle gómez ocaña . . 12
Calle gómez pallete . . 7, 18
Calle góngora . 27, 35, 36
Calle haiti 13
Calle haydn 38
Calle hermanos argensola 9
Calle hermanos sanz prados 14
Calle hermosilla 7
Calle hernando de soto 24
Calle hernando de zafra 8
Calle herrería del rey 16, 17
Calle hilera 14–16
Calle hinestrosa 7
Calle honduras . . . 14, 15
Calle horacio lengo . . 25, 26
Calle horno 16
Calle hospital militar . . 8
Calle hoyo higuerón . 38
Calle huerta 7
Calle huerta del obispo 16
Calle huerto de la madera 27, 28
Calle huerto de los claveles 6
Calle huerto de monjas 6, 7
Calle huerto del conde 8, 18
Calle hurtado 7
Calle hurtado de mendoza 8, 9
Calle huéscar 14, 15
Calle héroe de sostoa 27, 33–35, 39
Calle ibn gabirol 15
Calle ibrahin 3
Calle idris 21
Calle ildefonso gonzález solano 26
Calle infantes 40
Calle ingeniero de la torre acosta 14
Calle ingeniero díaz peterson 32, 38
Calle isabel la católica 8
Calle isabel oyarzábal . 3
Calle isla cristina . 34, 39, 40
Calle iznate 24, 32
Calle jaboneros 16
Calle jacques capeluto 10, 20

Calle jamaica 3, 4
Calle jara 15, 16
Calle javier de zubiri . 10
Calle jazmines 4
Calle jericó 20
Calle jerónimo bobadilla 33, 39
Calle jesús corchón . . 40
Calle jinetes 7
Calle joaquín alfonsetti 15, 27
Calle joaquín costa . . 38
Calle joaquín de molina 9, 10
Calle joaquín de rucoba 3
Calle joaquín verdugo landi 14, 25, 26
Calle jonás 8
Calle jordán 21, 22
Calle jorge juan 16
Calle jorge loring . . 4, 14
Calle jose iturbi 3
Calle jose maria coopello 4
Calle josefa rios 4
Calle josé antonio aragonés 4, 14
Calle josé canalejas . . . 4
Calle josé crooke 39
Calle josé fernández del villar 13
Calle josé garcía guerrero 25
Calle josé luis narbona 4
Calle josé maría freuiller 14
Calle josé Álvarez-net fonseca 17
Calle jovellanos 27
Calle juan antonio tercero 3, 4
Calle juan bárcena mancheño . . . 25, 33
Calle juan cortés cortés 13
Calle juan de borja 5
Calle juan de la cueva 10
Calle juan fernández suria 14
Calle juan j ceballo baena 25
Calle juan porras 39
Calle juan rené . . . 38, 39
Calle juan ruiz 20, 21
Calle juan sebastián bach 38
Calle juan such 9
Calle juan sánchez . 4, 14
Calle juan-luis peralta 18
Calle juana delgado lópez 26
Calle juanita reina 13
Calle julio mathias . . 7, 8
Calle julián argos 4
Calle júcar 38
Calle keromnes 19
Calle la argentinita 12, 13
Calle la goletera 16
Calle la habana 4
Calle la hoz 34, 40
Calle lachambre domínguez 39
Calle ladrón de guevara 8
Calle lagunillas del rocío 8
Calle lanuza 14, 15
Calle las artes 6
Calle las mimosas 10, 20
Calle las pilas 38
Calle latorre 28, 29
Calle lazcano 17
Calle leandro martínez marín 25
Calle lebrija 28
Calle lemus 15
Calle leopoldo morante 4
Calle liberia 7
Calle libertad 16
Calle linaje 28
Calle liviana 25
Calle llano de doña trinidad 16
Calle loberos 32
Calle lorenzo cendra busca 25
Calle lorenzo padilla . 12
Calle lorenzo silva . . 3, 4
Calle los millones . . 3, 13
Calle lozoya 38
Calle lucientes 26
Calle lucios 4
Calle luis braille . . . 14, 15
Calle luis de trelles y noguerol 27
Calle luis guirao 39
Calle luis moraleda . . 38
Calle lázaro 35
Calle lópez blanco 4
Calle lópez pinto . 35, 36
Calle m. aceite 17
Calle m. díaz 6
Calle macabeos 9
Calle macandel 25
Calle macizo de la llana 9, 10
Calle macizo del humo 10
Calle madre de dios 7, 17
Calle madre salesa . . 38
Calle maestranza 19
Calle maestro alonso 34
Calle maestro guerrero 34
Calle maestro lecuona 26
Calle maestro pablo luna 3
Calle magallanes . 30, 31
Calle magistrado salvador barberá . . . 3, 13
Calle malaquías 10
Calle malasaña 6, 16
Calle malpica 27, 28
Calle manrique 8
Calle manuel alarcón 26
Calle manuel aparicio 4, 14
Calle manuel asenjio codes 39
Calle manuel assiego codes 39
Calle manuel atienza . 14
Calle manuel españa lobo 14
Calle manuel fernandez gonzalez 11
Calle manuel josé garcía caparrós 16, 28
Calle manuel moriel f. bolaños 13
Calle manuel ruiz zorrilla 4
Calle manuela nogales 26
Calle marbella 35
Calle marcelo del olmo 14
Calle marchena 30
Calle mari zea 22
Calle mariblanca . . . 7, 17
Calle mariscal 6
Calle marquesa de moya 17, 18
Calle marqués 16, 17

Calle marqués de cádiz 6, 7
Calle marqués de guadiaro . . . 17
Calle marqués de la sonora . . . 12
Calle marqués de larios 17
Calle marqués de ovieco . . . 4
Calle marqués de valdecañas 7, 16, 17
Calle martinez maldonado . . . 14
Calle martos . . . 34
Calle martos escobar 39
Calle martín galíndez 15
Calle martínez . . . 17
Calle martínez barrionuevo . . . 6, 7
Calle martínez campos 28, 29
Calle martínez de la rosa . . . 3–5
Calle martínez maldonado . . . 13, 14
Calle maría . . . 8
Calle maría teresa león5
Calle matachel . . . 4
Calle matarraña . . . 4
Calle mauricio moro pareto . . . 26, 27
Calle mazarredo . . . 6
Calle medina conde . 18
Calle melgarejo . . . 8
Calle mendoza34, 40, 41
Calle mendívil . . . 26, 27
Calle merlo . . . 26
Calle merluza . . . 4
Calle mero . . . 3
Calle mesana . . . 26
Calle mesías . . . 24
Calle mesón de vélez 17
Calle miguel de molina 7
Calle miguel hernández 3
Calle miguel moreno masson . . . 25
Calle mijas . . . 24
Calle mimbre . . . 32
Calle mindanao . . . 15
Calle ministerio de la vivienda . . . 13
Calle mira azucenas . . . 4
Calle miraamapolas . . . 3
Calle miraclaveles . . 3, 4
Calle miraflores . . . 26
Calle miragladiolos . . . 3
Calle mirajazmines . . 3, 4
Calle miramar . . . 21
Calle miramargaritas . . 3
Calle miraorquídeas . . . 3
Calle mirapetunias . . . 4
Calle mirarosas . . . 3, 4
Calle miravioletas . . . 4
Calle mirra . . . 24
Calle mitjana . . . 8
Calle mochingo . . . 12
Calle molina lario . . . 17
Calle moncada . . . 34
Calle monserrat . . . 7
Calle monseñor Óscar romero . . . 26
Calle montalbán . . 27, 28
Calle montaña blanca 38
Calle montaño . . . 7
Calle monte . . . 9
Calle monte de sancha 20, 21
Calle monte miramar . 11
Calle monte pizarro . . . 5
Calle monteleón . . . 5
Calle montáñez ruíz . 39
Calle moraima . . . 4
Calle morales villarrubia 4, 14
Calle morena . . . 12
Calle moreno carbonero . . . 16
Calle moreno nieto . . . 4
Calle moreti . . . 38, 39
Calle morillas . . . 4
Calle mosquera . . . 17
Calle muelle 1, málaga españa . . . 18
Calle muladíes . . . 13
Calle mundo nuevo . . 18
Calle munoz torrero . . 16
Calle murillo . . . 6
Calle muro de las catalinas . . . 17
Calle muro de puerta nueva . . . 16
Calle muro de san julián 17
Calle muro de santa ana . . . 18
Calle muñoz degrain 34, 35
Calle mármoles . . 14–16
Calle mártires . . . 17
Calle méndez núñez . 17
Calle méxico . . . 13
Calle najerilla . . . 4
Calle narcea . . . 4
Calle narciso pérez texeira . . . 15
Calle natalia . . . 15
Calle navalón . . . 28
Calle navas de tolosa19, 20
Calle nazareno del paso 16, 28
Calle neftalí . . . 26
Calle negros . . . 7
Calle nicaragua . . . 4
Calle nicolás salmerón 4, 5
Calle niña de antequera 25
Calle niño de gloria . . 38
Calle niño de guevara17
Calle niño de jesús de fraga . . . 38
Calle niño del museo 38
Calle noray . . . 26
Calle nosquera . . . 17
Calle noya . . . 4
Calle nueva . . . 17
Calle numancia . . . 7, 8
Calle nuño . . . 16
Calle nuño gómez . . . 16
Calle o'donnell . . . 14
Calle ollerías . . . 7, 17
Calle olozaga . . . 16
Calle ordóñez . . . 16
Calle orfebre . . . 4
Calle orfila . . . 35
Calle osorio . . . 34
Calle osorio valdés . . 39
Calle pacheco . . . 4
Calle pacheco maldonado . . . 5
Calle pacífico . . . 40
Calle padre isla . . . 10
Calle padre mariana . . 8
Calle padre mondéjar . 7, 8
Calle padre pedro morejón . . . 3
Calle pajaritos . . . 4, 5
Calle palancar . . . 39
Calle palestina . . . 13, 14
Calle palo mayor . . 13, 14
Calle panaderos . . 16, 17
Calle pardo bazán . . . 17
Calle parras . . . 7

Calle parrocco ruiz furest 8
Calle pastora 17
Calle paul dukas 34
Calle pavero 12
Calle pedro alonso garcía 25
Calle pedro de mantuano 12
Calle pedro de mena . 17
Calle pedro fernández de la rosa 4
Calle pedro gómez chaix 13, 25
Calle pedro luis gálvez 13
Calle pedro marcolain . 5
Calle pedro molina 8, 18
Calle peinado 6, 7
Calle pelayo 5, 15
Calle pendolillo 32
Calle pepe santiago 4, 5
Calle perdiguera 38
Calle peregrino 28
Calle periodista leovigildo caballero gutierrez 19
Calle peso de la harina 15
Calle peteneras 25
Calle peña 7
Calle peñoncillo 38
Calle peñón del berrueco 40
Calle picacho 8, 18
Calle picador 17
Calle pico de las palomas 39
Calle piedras pardas . 32
Calle pinillos 8
Calle pinos 8, 9
Calle pinosol 8, 9
Calle pintor berrobianco meléndez 33
Calle pintor de la fuente grima 34, 35
Calle pintor francisco boigas aguilar 9, 10
Calle pintor josé gatner 15
Calle pintor martínez virel 19
Calle pintor navarro martín 15
Calle pintor pedro sáenz 15
Calle pintor pepe bornoy 39, 40
Calle pinzón 28, 29
Calle pito 17
Calle platero 4
Calle poeta concha méndez 8
Calle poeta luque gutiérrez 8
Calle poeta muñoz rojas 26, 33, 34
Calle polo 25
Calle polvorista 16
Calle postigo juan boyero 7
Calle postigo san agustín 17, 18
Calle postigos 7
Calle pozo del rey 18
Calle pozo máximo . . 32
Calle pozos dulces . . 16, 17
Calle prensa 14
Calle priego 16
Calle prim 16
Calle princesa polixena 38
Calle puente 16
Calle puerta buenaventura 17
Calle puerta de buenaventura 17
Calle puerta del mar . 17
Calle puerto de las encinas 32
Calle puerto de los pinos 32
Calle puerto del espino 38
Calle puerto oncala . . 38
Calle puerto parejo . . . 8
Calle pujerra 39
Calle pulgar 34, 35
Calle pulidero 16
Calle párroco don juan estrada castro 7
Calle pérez de castro . 7
Calle pérez galdós . . . 22
Calle rachmaninov . . . 27
Calle rafael maría de labra 14
Calle rafael peréz estrada 21
Calle rafaela 4, 14, 15
Calle rambla 26
Calle ramos marin 17
Calle ramos marín . . 7, 8, 17
Calle ramírez de figueroa 5
Calle ramón alarcón . 26
Calle ramón franquelo 17
Calle ramón maría pérez de torre . . . 25
Calle rayito 8
Calle realenga de san luis 38
Calle rebeca 24
Calle reboul . . 26, 33, 34
Calle reding 19
Calle refino 7
Calle regimiento 7
Calle repeso 29
Calle ribera del guadalmedina . . 16
Calle rita luna 16
Calle rivas fernández . 4, 14
Calle robledal 39
Calle rodrigo de narváez 12, 13
Calle rodriguez cansino 9
Calle rodriguez de berlanga 8
Calle roger de flor . . . 27
Calle rojas 7
Calle rojas clemente . . 7
Calle roma 18
Calle roque garcía 8
Calle rosa 13
Calle rosa amarilla 3
Calle rosa mar 3, 4
Calle rosa maria 13
Calle rosa monte 4
Calle rosa río 3
Calle rosal 7
Calle rosal blanco 6
Calle rosales 3, 4
Calle rosalia 13
Calle rosario 7
Calle rosario gil montes 13
Calle rosarito 16
Calle rosaura 13
Calle rosita 13
Calle rubén darío . . 3, 13
Calle rueda 6, 7
Calle ruiz borrego . . . 4, 5
Calle ruiz de la herrán . 6
Calle rute 39, 40
Calle río 34

Calle río agueda . . 24, 32
Calle río alcarrache . . 34
Calle río arnoya 24
Calle río arrago 32
Calle río bernesga 25, 33
Calle rio boeza 24
Calle río cabrera 24
Calle río chanza 35
Calle río corcole 34
Calle río duratón 32
Calle río gallo 35
Calle río gargaliga . . . 34
Calle río gevora 34
Calle río guadalmellato 24
Calle río guadalmez . 34
Calle rio guadame . . . 34
Calle río guadarrama 32
Calle río guadiamar . . 32
Calle río guadiana 24
Calle río guadiela 35
Calle río guareña 24
Calle río mao 24
Calle río olivenza 34
Calle río parga 28
Calle río perales 32
Calle río rocío 34, 35
Calle río sorbe 32
Calle río tamoga 24
Calle río tera 24, 32
Calle río tiétar 32
Calle río vascao 35
Calle río zézere 32
Calle ríos rosas . . . 15, 16
Calle saavedra 7
Calle sagasta 16, 17
Calle sagunto 8
Calle salado 4
Calle salamanca 6
Calle salares 12
Calle salinas 17
Calle salitre 27, 28
Calle salomón 6
Calle salta 14
Calle salvador espriu . . 3
Calle salvador solier pacheco 25
Calle salvador tomasetti 39
Calle salvago 17
Calle san agustín 17
Calle san andrés . . 27, 28
Calle san bartolomé 6, 7
Calle san cayetano 8
Calle san cristobal 6
Calle san felipe neri . . . 6
Calle san francisco de asís 6
Calle san félix catalicio 7
Calle san jacinto 16
Calle san jorge 6, 7
Calle san josé 17
Calle san juan 16, 17
Calle san juan bosco . . 7
Calle san juan de letrán 17, 18
Calle san juan de los reyes 17
Calle san lazaro 8
Calle san lorenzo . 28, 29
Calle san lucas mayor . 9
Calle san luis 26
Calle san manuel 34
Calle san millán 7
Calle san nicolas . 19, 30, 31
Calle san pablo 16
Calle san patricio 8
Calle san rafael 6, 16
Calle san salvador 25, 26
Calle san vicente de paul 11, 22
Calle san vicente ferrer 4
Calle santa clara 5
Calle santa cristina . . 19, 20
Calle santa cruz 6
Calle santa elena . 14, 15
Calle santa leocadia . . . 7
Calle santa marta 25, 26
Calle santa maría 17
Calle santa teresa 26
Calle santiago 18
Calle santos 16
Calle sargento 7
Calle schubert 38
Calle sebastián de eslava 4, 5
Calle segismundo moret 4, 5
Calle seguirillas 25
Calle segura 16
Calle seminario 9
Calle serrana 25
Calle serrato 32
Calle sevilla 5, 15
Calle sierra bermeja . 38
Calle sierra blanca . . . 38
Calle sierra de aracena 6
Calle sierra de gialda 10
Calle sierra de grazalema 10
Calle sierra de libar . . . 11
Calle sierra de los castillejos 10, 11
Calle sierra de los merinos 11
Calle sierra de yeguas 10
Calle sierra del co . 10, 11
Calle sierra del endrinal 10
Calle sierra del madroño 38
Calle sierra del pinar . 10
Calle sierra pelada . . . 10
Calle sillita de la reina 32, 33
Calle simeon gimenez reyna 13, 14
Calle simonet 29
Calle sinagoga 4
Calle solano de luque . 8
Calle solimán 17
Calle somera 28, 29
Calle sondalezas . . 3, 13, 14
Calle sta ana 18
Calle strachan 17
Calle subida a san cristóbal 9
Calle subida monte victoria 9
Calle sucre 4
Calle séneca 5
Calle tajuña 3
Calle talavera 17
Calle tampa 14
Calle tango 26
Calle tarantas 26
Calle teba 24, 25, 33
Calle tejares 4, 5
Calle tejeros 8
Calle tejidos 7
Calle tejón y rodríguez 17
Calle teniente díaz corpas 14
Calle teniente fernández nespral 39
Calle teniente salvio ravassa 14
Calle teniente segalerva ruiz 7
Calle teniente Álvarez loma 14
Calle tiro 16

Calle tirso de molina 6, 7
Calle tizo 7
Calle toledillo 32, 38
Calle toledo 6
Calle tomás de burgos 4
Calle tomás de cózar 17, 18
Calle tomás de iriarte 25
Calle tomás escalonilla 3, 13
Calle topete 30
Calle torcal 38
Calle torelli 3
Calle torre de sandoval 17
Calle torre del paso . 32, 38
Calle torregorda 16
Calle torrox 24
Calle trinidad . . . 5, 15, 16
Calle trinidad grund . . 17, 28, 29
Calle trinquete 3
Calle tristán de silva . . . 4
Calle ulises 9
Calle valderaduey . . . 25
Calle valero 34
Calle valle de abdalajís 24, 32
Calle vandelvira 3
Calle vargas ponce . . 34, 40
Calle velarde 4, 5
Calle velasco 34
Calle velázquez 6, 7
Calle vendeja . 17, 28, 29
Calle venegas 4
Calle ventaja alta . . 9, 10
Calle ventaja corta . . . 10
Calle ventajilla 9, 10
Calle victoria 8
Calle viento 16
Calle villaescusa . 16, 28
Calle villarroel 34, 40
Calle virgen de begoña 13
Calle virgen de covadonga 13
Calle virgen de gracia . 7
Calle virgen de la bien aparecida 13
Calle virgen de la candelaria 12
Calle virgen de la caridad 25
Calle virgen de la consolación 24
Calle virgen de la esperanza 12, 24, 25
Calle virgen de la estrella 25
Calle virgen de la fuensanta 24, 25
Calle virgen de la inmaculada 13, 25
Calle virgen de la palma 24, 25
Calle virgen de la paloma . . . 12, 13, 24
Calle virgen de la paz 13
Calle virgen de la salud 24
Calle virgen de la servita 25
Calle virgen de la soledad 13
Calle virgen de las flores 13, 25
Calle virgen de las lágrimas 24
Calle virgen de las nieves 13, 25
Calle virgen de las virtudes 12
Calle virgen de los dolores 12, 13
Calle virgen de los remedios 25
Calle virgen del amor 24, 25
Calle virgen del amparo 12
Calle virgen del buen consejo 24, 25
Calle virgen del gran poder 24
Calle virgen del perdón 12
Calle virgen del perpetuo socorro . . 24, 25
Calle virgen del pilar 24, 25
Calle virgen del rocío 13, 24, 25
Calle virgen del rosario 13, 25
Calle virgen del sagrario 24, 25
Calle vistafranca 38
Calle vital aza 8
Calle vázquez díaz 6
Calle vélez málaga . . . 19
Calle wad ras 6
Calle walt whitman . . 27
Calle yedra 15
Calle yeguas 3
Calle zamarrilla 15
Calle zamorano . . . 15, 16
Calle zanca 8
Calle zancara 25
Calle zapata de cárdenas 5
Calle zapateros 17
Calle zaragoza 7
Calle zaragueta 12
Calle zenete 8
Calle zorrilla 17
Calle zujar 3
Calle zurradores 16
Calle zúñiga 26
Calle Álamos 17, 18
Calle Álvarez 6, 16
Calle Álvarez curiel 4, 14
Calle Álvaro bazán . . . 16
Calle Ángel 17
Calle Ángel ganivet . . 17
Callejones del perchel 27
Callejón de castell 10, 11
Callejón de la ollería . . 6
Callejón de santa catalina . . . 11, 21, 22
Callejón pericón 17
Callejón villazo 16
Calzada de la trinidad . 5
Camino castillejos 3
Camino de gibralfaro . 9, 10, 19, 20
Camino de la desviación 23
Camino de suárez 3
Camino del monte . . . 20
Camino san rafael 25, 32, 33
Camino seminario 9
Camino suarez 4
Camino suárez 3, 4
Canón 17
Carrera de capuchinos 7
Carreteria 16
Carril de castell . . . 10, 11
Carril de la cordobesa 33, 34
Carril de los niños 11
Carril santa rosa 13

Casarabonela 32
Cañada de los ingleses 19, 20
Cañón 17
Ciudad de andújar 24, 32
Cl ayala, sn 35
Cl pz. cruz humilladero 25
Conjunto villa maría . . . 3
Coto de doñana 8
Cristo de la expiración 28
Cruz del humilladero 25, 26

D

Doctor gálvez ginachero 6, 7
Dr.escassi 4, 14

E

Estación de cercanías renfe 28

F

Ferrocarril del puerto 35
Flores garcía 26

G

Garcilaso de la vega . . 8
Glorieta de antonio molina 40
Glorieta del escultor leiva jiménez 39
Glorieta joaquín maría pery 30
Granados 17

I

Ibarra 19

J

Jardín de san antonio 20
Jardín de san nicolás 20

M

Madre de dios 7, 17
Manuel altolaguirre . . 39
Mirador 19
Molina lario 17
Monseñor carrillo rubio 14
Monte de sancha . 10, 11, 21
Muelle de levante 30, 37

P

Palmeral de las sorpresas 17, 18
Pasaje adra 26
Pasaje alborada 38
Pasaje aralar 14
Pasaje archanda 14
Pasaje aránzazu 14
Pasaje begoña 14
Pasaje calderón y cubero 26
Pasaje campos 18
Pasaje clavero 18
Pasaje compositor lehmberg ruiz . . . 15
Pasaje concejal peña abizanda 13
Pasaje cuartel de caballería 7
Pasaje damasquina . . 12
Pasaje de chinitas 17
Pasaje de heredia 17
Pasaje de la brisa 7
Pasaje de la canela . . 24
Pasaje de la menta 7
Pasaje de larios 17
Pasaje de las espuelas 11
Pasaje de levante 14
Pasaje de santa isabel 34
Pasaje de santo tomás 25, 26
Pasaje de torres 16
Pasaje de trigueros . . . 8
Pasaje de urgull 14
Pasaje de velasco 34
Pasaje de zambrana . . 6
Pasaje de Álvaro de luna 34
Pasaje del colegio 12
Pasaje del dracma . . . 26
Pasaje doctor carrillo casaux 18, 19
Pasaje don valentín . . . 8
Pasaje débora 26
Pasaje eguiluz 26
Pasaje emilio lópez cerezo 26
Pasaje esaú 26
Pasaje escultor pérez hidalgo 8
Pasaje esperanto 15
Pasaje francisco robles witemberg 38
Pasaje francisco vigil escalera 13
Pasaje frigiliana 39
Pasaje general narváez 9
Pasaje genil 34
Pasaje gorbea 14
Pasaje gordón 16, 17
Pasaje honduras 13
Pasaje horacio lengo 25, 26
Pasaje igueldo 14
Pasaje jack london . . . 38
Pasaje juan cortés cortés 13
Pasaje la trini 8, 18
Pasaje lapeira 27, 28
Pasaje luciano martínez 17
Pasaje lópez ternero . . 5
Pasaje magistrado salvador barberá . . . 13
Pasaje manuela nogales 26
Pasaje marqués de villafiel 16
Pasaje martinez de la rosa 4
Pasaje maría la faraona 16
Pasaje meléndez 7
Pasaje mendívil 27
Pasaje ministerio de la vivienda 13
Pasaje mirageráneos . . 3
Pasaje miratulipanes . . 3
Pasaje monte de sancha 20
Pasaje monte pizarro . . 5
Pasaje montesa 34
Pasaje mármoles 15
Pasaje niceto ramírez . 4
Pasaje noblejas 28
Pasaje orellana 26
Pasaje palestrina . . 12, 13
Pasaje pezuela 13
Pasaje poeta safo de lesbos 8, 18

Pasaje rio albaida 27
Pasaje río guadajira . . 34
Pasaje río guadiana . . 24
Pasaje río pinilla 34
Pasaje san cristobál . . . 9
Pasaje san fernando . 28
Pasaje san francisco . 14
Pasaje saturno 4
Pasaje solluve 14
Pasaje sondalezas . . . 13
Pasaje tajuña 3
Pasaje tapiales 9
Pasaje urbasa 14
Pasaje venegas 4
Pasaje virgen de africa 27
Paseo calvo sotelo . . 10, 20
Paseo de antonio machado 28, 35, 36, 40, 41
Paseo de españa . 17–19
Paseo de juan temboury 18
Paseo de la farola 18, 19, 30
Paseo de los curas . . 17–19
Paseo de los martiricos 6
Paseo de los tilos 25–27
Paseo de miramar . 11, 21
Paseo de reding . . 18, 19
Paseo de salvador rueda 10, 11, 21
Paseo de sancha . 20, 21
Paseo del limonar . 11, 21
Paseo del muelle uno 18, 30
Paseo del parque . 17, 18
Paseo los tilos 27
Paseo marítimo antonio banderas . 35, 40, 41
Paseo marítimo ciudad de melilla 19, 30, 31
Paseo marítimo de pablo ruiz picasso 19–23
Paseo marítimo de pablo ruíz picasso 20
Paseo marítimo2 40
Paseo matías prats . . 30, 31
Paseo salud 13
Pasillo atocha 16
Pasillo de santa isabel 16
Pasillo del matadero . 28
Periana 24, 32
Pesaje de mitjana 17
Pje covadonga 4
Pje de briales 5, 15
Pje de carlos haes 5
Pje de larios 17
Pje de valencia 28
Pje nuestra señora de los dolores de san juan 16, 17
Plaza alcalde enrique gómez rodríguez 32
Plaza aparejador federico bérmudez . 13, 14
Plaza bailén 15
Plaza basconia 14
Plaza bravo 15
Plaza castillejos 4, 5
Plaza celedonio romero 7
Plaza comenillas . 32, 38
Plaza cristóbal de la cueva 5
Plaza de arriola 16
Plaza de avicena 38
Plaza de benigno santiago peña 8
Plaza de capuchinos . . 7
Plaza de carmen thyssen bornemisza 17
Plaza de eduardo maldonado leal 34
Plaza de félix saenz . . 17
Plaza de garo 4
Plaza de la aduana . . . 18
Plaza de la aurora 16
Plaza de la biznaga . . 25
Plaza de la constitución 17
Plaza de la cooperación y ahorro 13
Plaza de la goleta 6
Plaza de la juderia . . . 18
Plaza de la malagueta 19
Plaza de la marina 17
Plaza de la merced . . 17, 18
Plaza de la misericordia 27, 28
Plaza de la paula 8
Plaza de la solidaridad 27
Plaza de la solidaridad - vialia 27
Plaza de la victoria 8
Plaza de la virgen mediadora 39
Plaza de las flores 17
Plaza de los mártires ciriaco y paula . . . 17
Plaza de los viñeros . . 16
Plaza de los Ángeles . . 3
Plaza de manuel azaña 24
Plaza de maría guerrero 18
Plaza de mendizábal . . 8
Plaza de miraflores 3
Plaza de montes 15
Plaza de moreno villa 34, 35
Plaza de pepe mena . . 7
Plaza de salvador ponce 39
Plaza de san francisco 17
Plaza de san ignacio . 17
Plaza de san pedro alcántara 17
Plaza de santa maría . 18
Plaza de spínola 17
Plaza de uncibay 17
Plaza decano alonso pedreira 7
Plaza del carbón 17
Plaza del conde de ferrería 6
Plaza del ejido 7
Plaza del general torrijos 18, 19
Plaza del hospital civil . 5
Plaza del maestre andrés 38
Plaza del marqués de vado del maestre 17
Plaza del obispo 17
Plaza del padre damián de molokai 38
Plaza del pericón . 16, 17
Plaza del poeta manuel alcantara 27
Plaza del siglo 17
Plaza del teatro 17
Plaza eduardo dato . . . 4
Plaza enrique garcia herrera 16

Plaza federico alba varela 33
Plaza fernando hipólito lancha 13
Plaza francisco silvela . 9
Plaza fray alonso de santo tomás 16
Plaza garci tello 34
Plaza general cano . . 32
Plaza general torrijos . 18
Plaza hospital civil 5
Plaza imagen 16
Plaza jardines de la abadía 34
Plaza jerónimo cuervo 7, 17
Plaza jesús de la pasión 17
Plaza legión española16
Plaza lex flavia malacitana 7, 8
Plaza llano de doña trinidad 16
Plaza los Ángeles 5
Plaza maestro artola . . 7
Plaza miguel serrano de las heras 25
Plaza monseñor bocanegra 3, 4
Plaza montaño 7
Plaza nuestra señora del carmen 24
Plaza palmarés . . . 32, 38
Plaza pintor eugenio chicano 17
Plaza poeta alfonso canales 29
Plaza prudencio jiménez 4
Plaza reina manescau 34, 35
Plaza religiosa felipense dolores márquez 16
Plaza ricardo de orueta duarte 40
Plaza ricardo verdugo landi 39
Plaza rosa 7
Plaza río trabanco 32
Plaza san juan 17
Plaza san juan de la cruz 15
Plaza san marcelino champagnat 8
Plaza san pablo 16
Plaza santuario virgen de la victoria 8
Plaza umbriazo 32
Plaza villa de castelldefels 26
Plaza virgen del rocío . 9
Plaza zumaya 5
Plazuela compás de la trinidad 5
Plazuela cristo de la crucifixión 7
Plazuela cristo del amor 8
Plazuela santísimo cristo de la sangre 7
Plazuela virgen de las penas 16
Postigo de san juan . . 16, 17
Princesa polixena 38
Puente de antonio machado 28
Puente de armiñán 6
Puente de juan pablo ii 26, 34
Puente de la aurora . . 16
Puente de la esperanza 16
Puente de la misericordia 28
Puente de la trinidad . 16
Puente de las américas 14, 26
Puente de los alemanes 16
Puente de tetuán 28
Puente de tetúan 28
Puente del carmen . . 28
Puente del perchel . . 28
Puerta de antequera . 16
Puerto de malaga 18
P° antonio machado - p° marítimo antonio banderas35, 36, 40, 41

R

Ramal de monte sancha 20, 21
Rampa de la aurora . . 16
República argentina . . 11

S

S. pastor 17
San andrés 28
San bernardo el viejo . 17
San juan 16
San juan de dios 17
Santa maría 17
Senador francisco román 27
Sillita de la reina . . 32, 33

T

Travesía de monte sancha 20, 21
Travesía del ciprés . . . 12
Travesía del pintor nogales 18
Tres cruces 38
Túnel calle cañaveral 16
Túnel de la alcazaba . 18
Túnel mundo nuevo . . 18
Túnel pasillo de santo domingo 16, 28
Túnel pasillo guimbarda 16

W

Walt whitman 26, 27

Points of Interest

Health Center Huelin 35
Health Center Miraflores de Los Angeles ... 3
Health Center Nueva Málaga ... 3
Hospital Civil ... 5
Hospital Dr. Galvez 17
Hospital F.A.C. Dr. Pascual ... 8, 9
Hospital Materno-Infantil ... 5
Hospital Virgen de la Victoria ... 24
Huelin ... 34

I

Interactive Music Museum (Calle Beates 15) ... 17

J

Jardín de la abadía 35

L

La asunción ... 24
La aurora ... 27
La bresca ... 4
La caleta ... 20, 21
La Coracha ... 18, 19
La Isla Station L2 (Calle Velasco) ... 34
La Luz -La Paz Station L2 (Av.de Velázquez 64) 38
La malagueta ... 19
La manía ... 9
La princesa ... 34
La torrecilla ... 22
La trinidad ... 5
La unión ... 34
La vaguada ... 10
La victoria ... 8
Las chapas ... 14
Las palmeras ... 11
Lighthouse la Farola (Paseo de la Farola 18) ... 30
Local Police (Av.Rosaleda 19) ... 6
Los castillejos ... 3
Los millones ... 3
Los pinos del limonar 10
Los tilos ... 26

M

Market Atarazanas (Calle Atarazanas 10) ... 16
Market El Carmen . 27
María Zambrano Train Station (Ave,Renfe,Cercanías C1 and C2) ... 27
Mirador de Gibralfaro (View Point) ... 19
Mirador de la Costa (View Point) ... 9
Mirador Princess Ferris Wheel ... 29
Miramar ... 11
Monastery Ntra. Sra. de la Piedad ... 7
Monte sancha ... 20
Monte Victoria Hill and View Point ... 9
Municipal Sports Center La Trinidad ... 16
Museum Carmen Thyssen (Calle de la Compañía 10) 17
Museum Casa Natal de Picasso ... 18
Museum Jorge Rando ... 6
Museum of Arts and Popular Costums (Plz. Enrique García-Herrera 1) 16
Museum of Russian Collection ... 40
Museum of Vitro and Glass ... 7
Museum of Wine .. 16
Museum Patrimonio Municipal ... 18
Museum Picasso .. 17
Museum Revello de Toro ... 17
Málaga Baptist Church (Av.Fátima 23) .. 6
Málaga Cruise Terminal ... 37
Málaga Ferry Terminal ... 29, 30
Málaga Marina ... 37
Málaga Mosque ... 14
Málaga University - Faculty of Economics ... 8
Málaga University - School of Arts . 7
Málaga University Rectorate ... 18
Mármoles ... 15

N

Nacional Police (Calle Frailes y Ramos Marín) ... 8
National Police HQ 24
Nuestra señora del carmen ... 24
Nuestra Señora del Carmen ... 27
Nueva málaga ... 13
Nuevo san andrés 1 38
Núcleo general franco ... 24

O

Old Royal Tobacco Factory ... 40

P

Pacífico ... 40
Palacio de la Aduana-Museum of Málaga ... 18
Palacio Monte Miramar (Calle Monte Miramar 38) ... 11
Parish Divina Pastora y Santa Teresa (Plz. de Capuchinos 5) ... 7
Parish of the Holy Trinity (Calle Calz. de la Trinidad) ... 5
Parish Santa Ana y San Joaquín ... 3

Park Baden Powell 10
Park Huelin 35
Pavero 3
Perchel norte 16
Perchel sur 28
Plaza de La Merced (Square) 18
Plaza de Toros la Malagueta 19
Plaza de toros vieja 28
Polígono alameda . 26
Pompidou Contemporary Art Center 18
Princesa - Huelin Station L2 (Calle Héroe de Sostoa 142) 33, 34
Puente de los Alemanes (Old Santo Domingo Bridge) 16
Puerto de málaga . 29

S

Salamanca Market (Calle Tirso de Molina 2) 6
San Pablo Church . 16
San rafael 32
Santa julia 25
Santa marta 25
Sea Museum Alboranía(Palmeral de las Sopresas) 18
Sixto 38
Soccer Field Malaka 13
Sports Center Conde de Guadalhorce 25
Sports Club Pinos del Limonar 10
Sports Complex Carranque 12, 13
Sports Complex El Torcal 38

T

Tabacalera 40
Torres de la serna . 40
Tourist Info 17

U

University Hospital 12

V

Ventaja alta 10
Victoria eugenia 4
Vithas Hospital Parque San Antonio ... 21

W

West District Police HQ 38

34239452R00037

Printed in Great Britain
by Amazon